教師力 ステップアップ

子どものこころに
ジーンとしみる

ことわざ・名言
2分間
メッセージ

垣内 幸太 編著
授業力&学級づくり研究会 著

明治図書

はじめに

　子どもたちは学校という1つのコミュニティーの中で，心を大きく動かしながら，成長していきます。時に悩んだり，苦しんだりしながらも心を大きく揺さぶられ，強く，優しい心を育んでいきます。

　私たち教師は，そんな子どもたちの心に届ける言葉をもたなくてはなりません。子どもたちの心を動かす言葉をもたなくてはなりません。

　先人の言葉には，人の心を動かす知恵が詰まっています。しかし，その言葉も話す側の思いと受け取る側の願いが合致しなくては，大きな効果は得られません。伝えるタイミングと技術が大切です。

　本書では，12ヶ月の様々な場面にぴったりのことわざ・名言を厳選しました。そのまま伝えられる話を月毎に数多く掲載しています。

　約2分間のメッセージ。教師の語りかける言葉が，子どもたちの心に届き，健やかな成長の一助となることを心より願っています。

　　　　　　　　授業力＆学級づくり研究会　代表　垣内幸太

もくじ

はじめに 3

学級開き	十人十色 16
学級開き	一期一会 17
目　　標	初志貫徹 18
目　　標	我より古を作す 19
新学期への不安	恰も好し 20
目標・夢	夢なき者に理想なし，理想なき者に計画なし，計画なき者に実行なし，実行なき者に成功なし。故に，夢なき者に成功なし 21
困　　難	困難を予期するな。決して起こらないかも知れぬことに心を悩ますな。常に心に太陽を持て 22
前向きな気持ち	我に七難八苦を与えたまえ 23
継 続 力	一竜一猪 24
不安(学習面)	聞くは一旦の恥，聞かぬは一生の恥 25
一致団結	三人寄れば文殊の知恵 26
友だちづくり	行く言葉が美しければ，来る言葉も美しい 27
多 様 性	多様性は人生のスパイス 28
当 　 番	仕事をするときは上機嫌でやれ。そうすれば仕事がはかどるし，体も疲れない 29
行 動 力	自分が変われば行動が変わる。行動が変われば習慣が変わる。習慣が変われば人格が変わる。人格が変われば運命が変わる 30
友だちづくり	友人を得る唯一の方法は，自分がその人の友人になることである 31

努　　　力	雨垂れ石を穿つ　32
勇　　　気	自ら省みて縮くんば千万人といえども吾往かん　33
認 め 合 う	誰が風を見ただろう？あなたも私も見ていない。けれど木々が頭を下げるとき，風は通り過ぎて行く　34
報 わ れ る	私は固く信じている。すべての善の行動は，最後は必ず実を結ぶ　35
みんなで楽しく	人類は一つのとても効果的な武器をもっている。それは笑いだ　36
応援・人付き合い	飢えている人がいたら，魚を与えるのではなく，魚の獲り方をおしえてあげなさい　37
失　　　敗	人間の目は，失敗して初めて開くものだ　38
母親への想い	悲しいのはあなただけではありません　39
あたり前の幸せ	近すぎる幸せは見えにくい　40
失　　　敗	明日は明日の風が吹く　41
勇　　　気	勇気は筋肉と同じで，使えば使うほど鍛えられる　42
友　　　情	人のことも許してあげなさい　43
粘 り 強 さ	それは啖の毒なり食すまじ　44
ケ ン カ	腹が立ったらしゃべる前に10数えなさい。それでもおさまらないなら100まで数えなさい　45

6月

トラブル	他人に変わって欲しければ，自ら率先して変化の原動力となるべきだ　46
礼儀・生活習慣の見直し	親しき仲にも礼儀あり　47
ケンカ・友情	友情は一つの磁石です　48
努　力	天才とは，ただ，努力の継続をできる人のことをいう　49
生活習慣の見直し	飛行機は追い風ではなく，向かい風によって飛び立つ　50
規則正しく	善とは何か。後味の良いことだ 悪とは何か。後味の悪いことだ　51
多様性	精神の最も普遍的な特質は多様性である　52
人間関係	自利利他　53
梅雨時期の心のもち方	晴れた日には晴れを愛し，雨の日には雨を愛す。楽しみあるところに楽しみ，楽しみなきところに楽しむ　54
係活動を見直す	待っているだけの人達にも何かが起こるかもしれないが，それは努力した人達の残り物だけである　55
諦めない心	準備を怠るものには，チャンスは決して訪れない　56
人間関係づくり	その長ずる所を貴び，その短なる所を忘れる　57
行動化を促す	知って行わざるは，知らざるに同じ　58
人との交流	人間の一生は若きに極まる　59

友　だ　ち	二人は一人に勝る	60
ケ　ン　カ	挨拶は時の氏神	61
自　　　分	他人と過去は変えられないけど，自分と未来は変えられる	62
継　　　続	継続は力なり	63
テスト・自分の学び方	盗人を見てなわをなう	64
長続きしない	言い訳が得意な者に，他の事が得意であることは滅多にない	65
学習の心構え	無知の知	66
迅速な行動	時を移さずに行うのが勇将の本望である。早く出立せよ	67
向　上　心	現状維持では後退するばかりである	68
諦めない心	人生における失敗者の多くは，成功の直前でありながらそれに気づかず諦めてしまった人たちである	69
何かに打ち込む	興味があるからやるというよりは，やるから興味ができる場合がどうも多いようである	70
しめくくり	今は終わりではない。これは終わりの始まりですらない。しかしあるいは，始まりの終わりかもしれない	71
規則正しい生活	医食同源	72
視野を広げる,深める	井の中の蛙大海を知らず，されど空の青さを知る	73
夏休みの過ごし方	習うより慣れよ	74
夏休みの過ごし方	運動して体力がつくように，熟考すると精神力が高まる	75

1学期の振り返り	昨日から学び，今日を生き，明日を期待しよう 76
夏休みの宿題	大変な仕事でも，まず取りかかってみなさい。仕事に手をつけた，それで半分の仕事は終わってしまったのです 77
安全指導	飛んで火に入る夏の虫 78
自　由	遂不留江南野水　高飛天地一閑鴎 79
夏休みの生活	強者に同調するのは決して安全じゃない 80
努　力	怠けていることは喜びかも知れないが重苦しい状態である。幸せになるためには何かをしていなくてはならない 81
感情のコントロール	力強いとは，相手を倒すことではない。怒って当然という時に，自制できる力を持っていること 82
平　和	平和は力では保たれない。平和はただわかり合うことで達成できるのだ 83
日々の生活	歩歩是道場 84
何かに打ち込む	声無きに聴き，形無きに視る 85
友だち	どんな長所をもった人物も，世間の支持がなければ，石ころだらけの道を歩まねばならない 86
夏休み明け	おもしろき　事もなき世を　おもしろく 87
2学期発見の旅	発見の旅とは，新しい景色を探すことではない。新しい目をもつことだ 88
食生活	食べるために生きるな。生きるために食べよ 89

防災の日	天災は忘れた頃にやってくる　90
休み明け	私は耳がよく聞こえない。でも，そのために不利になったことはない。むしろその雑音が聞こえなくなって集中力が増してよかった　91
新学期	楽しんでやる苦労は，苦痛を癒やすものだ　92
目標に向かって	あなたが出会う最悪の敵は，いつもあなた自身であるだろう　93
主人公	随所に主となれば立処皆真なり　94
敬老の日	ヌチドゥタカラ　95
友だち	弱い者ほど相手を許すことができない 許すということは，強さの証だ　96
思いやり	情けは人の為ならず　97
いろいろな経験	賢いカラスは黒く化粧する　98
敬う心	我以外皆我師　99
失敗を恐れない	間違いを犯した事の無い人というのは，何も新しいことをしていない人のことだ　100
頑張るぞ	「僕はずっと山に登りたいと思っている。…でも明日にしよう」おそらく彼は，永遠に登らないだろう　101
新たな気持ち	心機一転　102
仲直り	心は，天国を作り出すことも，地獄を作り出すこともできる　103
ポジティブシンキング	次勝てばよし　104
思いをひとつに	一路邁進　105

挑戦・諦めない心	逆境の中で咲く花は，どの花よりも貴重で美しい 106
諦めない心	3日あれば人間は変われる 107
授業態度	大人は虎変す 108
努力・継続	私は失敗したことがない。ただ1万通りのうまくいかない方法を見つけただけだ 109
体育の日	人生にとって健康は目的ではない。最初の条件なのである 110
諦めない心	中国語で書くと，crisis（危機）という言葉は二つの漢字でできている。一つは危険，もう一つは好機である 111
読書	わたしが人生を知ったのは，人と接したからではなく，本と接したからである 112
失敗	元気を出しなさい。今日の失敗ではなく，明日訪れるかもしれない成功について考えるのです 113
早起き	朝はいかにも早く起べし 114
ピンチはチャンス	迂を以て直と為し患を以て利と為すなり 115
行事の練習	必死に生きてこそその生涯は光を放つ 116
行事への心構え	先ず隗より始めよ 117
才能	夏の火鉢は冬に役立ち，日照りの傘は雨降りのときに役立つ 118
目標に向かって	蒔かぬ種は生えぬ 119

11月

団　　結	天の時は地の利に如かず,地の利は人の和に如かず	120
学習発表会	多くの人々に幸せや喜びを与えられること以上に,崇高で素晴らしいものはない	121
学習発表会	真の知識は経験あるのみ	122
努　　力	水泳は冬の間に上達し,スケートは夏の間に上手になる	123
困った時	困難は分割せよ	124
団　　結	和を以て貴しとなす	125
友だち	無敵	126
教室環境	できることから始めなさい。第一歩から始めなさい。いつも必ずこれ以上できないという限界があります。あまり多くやろうとすると,何事もなし得ないでしょう	127
ケンカ	怒りは無謀をもって始まり,後悔をもって終わる	128
自然を感じる	春「山笑う」夏「山滴る」秋「山装う」冬「山眠る」	129
易きに流れるな	窮屈成所を好み楽成所を嫌ふべし	130
油断せずに最後まで	最も大きな危険は勝利の瞬間にある	131
学級の荒れ	世の中のいざこざの因となるのは,奸策や悪意よりも,むしろ誤解や怠慢だね	132
文化の日	人は他人に迷惑をかけない範囲で自由である	133

継続・努力	一生懸命だと知恵が出る。中途半端だと愚痴が出る。いい加減だと言い訳が出る 134
助け合い	もし一日だけ親切にし,思いやりを示すことができれば,もう一日続けることができる。これには一銭もかからない。今日から始めよう 135
メモをとるよさ	メモこそ命の恩人だ 136
将来の夢	If you can dream it, you can do it. 137
学ぶ意味（テスト）	勉強する事は自分の無知を徐々に発見していく事である 138
文字を美しく	書は人なり 139
正　　直	正直なほど富める遺産はない 140
掃　　除	人生に成功する秘訣は,自分が好む仕事をすることではなく,自分のやっている仕事を好きになることである 141
無　　欲	心に欲なき時は義理を行ふ 142
地域とのつながり	未来は現在と同じ材料でできている 143
諦めない心	女は画れり 144
自分を高める方法	人間は,努力をする限り,迷うものだ 145
1年の成長	最上の幸福は,一年の終わりにおいて,年頭における自己よりも,よくなったと感ずることである 146
冬休みを前に	人間はいつも張り詰めた弓のようにしていては続かない 147

1年の目標	有終の美	148
新たな気持ち	思い立ったが吉日	149
1年の初め	一年の計は元旦にあり	150
多様な視点	門松は　冥土の旅の　一里塚　めでたくもあり　めでたくもなし	151
新たな気持ち	難しい仕事の結果を左右するものは,最初の心構えである	152
やりきる	人事尽くして天命を待つ	153
本質を見る目	心で見なくちゃ,物事はよく見えないってことさ　肝心なことは,目に見えないんだよ	154
大人になるということ	大人になるということは,あいまいさを受け入れる能力をもつということ	155
伝　　統	故きを温ねて新しきを知る	156
主体的に	好む者は楽しむ者に如かず	157
風邪予防	薬より養生	158
健康管理	頭寒足熱	159
実　行　力	有言実行	160
善悪の判断	常に悪逆無道の図画を掲ぐ	161

2月

粘り強さ	NO RAIN！NO RAINBOW！	162
一所懸命	花はなぜ美しいか。ひとすじの気持ちで咲いているからだ	163
心持ち	楽しいから笑うのではない。笑うから楽しいのだ	164
目標	長い階段をのぼるとき，その階段の全てが見えてなくてもよいのです。大事なのは目の前にある一段をのぼることです	165
克己	人は己に克つを以って成り，己を愛するを以って敗るる	166
先輩	門前の小僧習わぬ経を読む	167
恋愛・失恋	恋して恋を失ったのは，まったく愛さないよりもましだ	168
仲間づくり	松竹梅	169
学級づくり	よい笑いは，暖かい冬の陽ざしのようなものだ。だれでも親しめる	170
6年生を送る会	感謝は，高潔な魂の証である	171
勇気・粘り強さ	笑われて，笑われて，強くなる	172
立ち居振る舞い	見た目の形から武士の正道にはいるべし	173
我慢	伏すこと久しきは，飛ぶこと必ず高し	174
中だるみ	真の音楽家とは音楽を楽しむ人であり，真の政治家とは政治を楽しむ人である	175

刻苦勉励	苦労は栄華の礎 176
夢	夢を見るから，人生は輝く 177
希望	どんなに暗くても，星は輝いている 178
時間の使い方	時は金なり 179
子どもとの関わり方（保護者）	啐啄同時 180
将来	僕の前に道はない。僕の後ろに道はできる 181
真心	あれを見よ 深山の桜咲きにけり まごころつくせ 人知らずとも 182
贈る言葉	不撓不屈 183
感謝・掃除	立つ鳥跡を濁さず 184
進路	人生は道路のようなものだ。一番の近道は，たいてい一番悪い道だ 185
贈る言葉	世界には君以外には誰も歩むことのできない唯一の道がある… 186
新しい出会い	袖振り合うも多生の縁 187
春分の日（新たな学年）	自然は人間に1枚の舌と2枚の耳を与えた。だから人は話すことの2倍だけ聞かねばならない 188
エール	それぞれが持ってる才能を生かしなさい。美しい声の鳥しか鳴かない森など，静まりかえって寂しいだけだ 189
エール	夢を求め続ける勇気さえあれば，すべての夢は必ず実現する 190
贈る言葉（仲間）	最高の友は，私の中から最高の私を引き出してくれる友である 191

執筆者一覧 192

学級開き

十人十色
―違いを認め合える仲間に―

そのまま話せる！

　新学期がスタートしました。今日からこの仲間と一緒に過ごします。今から先生がみんなに質問をします。その答えを隣の人に伝え合いましょう。答えが思いつかない場合は「考え中です」と答えましょう。質問内容例は以下の通りです。

①名前②誕生日③好きな色④好きな勉強⑤好きな遊び⑥好きなテレビ番組……（最初は全員が答えられるものから始めるといいですね）

　隣の人と全部同じだった人はいますか。誰もいませんね。「人それぞれの考え方や好みには違いがあるということ，10人いると10人とも違うということ」これを「十人十色」と言います。

　みんな違うから学校で一緒に勉強する価値があります。それは，仲間の考えを聞いて，自分の考えを広げたり深めたりできるからです。自分の考えを仲間が評価してくれるからです。「十人十色」教室には，いろいろな人がいます。自分と違う考えを否定してはいけません。違うのは，当たり前のことなのです。

> **解説** ことわざ
>
> 　学級開きでは教師の思いを子どもたちに伝えます。「違いがあるから一緒に過ごす価値がある！」「違いがあるからおもしろい！」教師も子どもも覚えておきたいことですね。

学級開き

一期一会
―新たな出会いを素敵なものに―

そのまま話せる！

「一期一会」という言葉を聞いたことがありますか。一生に一度だけの機会。人との出会いは、一生に一度のものであることを表します。だからこそ、その出会いに全力を注ぐといった意味ももちます。

いよいよ新学期が始まりました。人が誰かと出会う確率は、なんと240万分の1の確率です。自分の周りを見てください。今みんなの隣には、たくさんの仲間がいます。今日みんなが仲間と出会えたこと、そして、先生がみんなの担任になれたことこそが奇跡なのです。

これから一年間、ともに過ごしていく中でいろいろなことがあることでしょう。一緒に笑い合うこと、喜びを分かち合うこと、時には気持ちがすれ違い怒ること、泣くこと、悲しむこともあるかもしれません。しかし、このクラスの仲間と過ごす日々は、もう二度とありません。

この奇跡の出会いを素敵な出会いにしましょう。自分たちができることやるべきことに思いを巡らせ、精一杯取り組み、「いま」を大切に過ごしていきましょう。

解説 四字熟語

出会いと別れの「春」。そして、新たな学年で様々な思いを抱えながらスタートする子どもたち。1年間ともに過ごす仲間に思いを巡らせながら素敵な新学期を始めましょう。

目標

初志貫徹
―思いを貫き通す大切さを伝える―

新学期がスタートしました。新たな気持ちで頑張ろうと思っていることでしょう。昨年度まで,みんながどんな人だったか先生は聞きません。「あの子は〜だから」というマイナスの言葉も聞きたくありません。なぜなら,今日から変わろうと思っている人もいるからです。

そこで覚えておいてほしい言葉があります。「初志貫徹」です。これは,「初めに心に決めた志を最後まで貫き通す」という意味です。「志（こころざし）」とは,心が目指す方向という意味の「心指す」が語源とされます。

あなたは何を心に決めましたか。「忘れ物をしない」「漢字を覚える」「誰にでも優しくする」……。それぞれに考えたことでしょう。今,心に思っていることをもちろん達成するために頑張ってほしいと思います。だけど,結果だけが大切なのではありません。その心が目指す方向にどれだけ進む努力ができたのかという「過程」が大事です。

今日の頑張ろうと思う気持ちをもち続けることは簡単なことではありません。くじけそうになった時はこの言葉を思い出してください。

解説 四字熟語
新学期は誰もが気持ちを新たに頑張ろうと思う時です。今の気持ちを忘れずに頑張ってほしいという願いを込めて送りましょう。

目標

我より古を作す
―新しいことにチャレンジする子どもたちへ―

そのまま話せる！

「我より古を作す」という言葉があります。「何かを始めようとする時に過去の例やしきたりにとらわれていたのではうまくいかない。自分のやり方を見出して取り組んでいきなさい」という意味です。ここで言う「古」は「今以前の時」という意味で使われています。この「古」にはもう1つの意味があります。それは「今以前のあなた」です。

新年度を迎え，「早寝早起きを頑張ります！」「毎日勉強50分します！」自己紹介とともに決意の言葉を語ってくれました。しかし，それをずっと続けるのはたいへんなことです。きっとこれまでも，「前よりは頑張った方だ。続いた方だ」と今以前の自分をもち出し，なんとなく納得を見出して，挑戦を終えてしまったことがあるでしょう。

今以前の「時」や「あなた」にとらわれていたのでは挑戦はうまくいきません。なりたい自分，つまり未来をイメージしましょう。そして，どうすればそのイメージに近づけるのか，挑戦を達成できるのか追い求めていきましょう。今のあなたが未来のあなたをつくるのです。

解説 中国『宋史』より
過去のやり方しきたりにこだわり過ぎてうまくいかなくなることは往々にしてあること。今や未来に目を向け，挑み続ける子どもたちを育みたいものです。

新学期への不安

恰(あたか)も好し

趙州

―これからのことに不安を感じている子どもたちに―

そのまま話せる！

　新学期。楽しみに思っている人もいれば、不安に思っている人もいるかもしれません。

　昔の中国でのお話。ある人が、とても有名なお坊さん、趙州(じょうしゅう)和尚に質問をしました。「『隕石が落ちてくる』や『史上最大の台風がやってくる』のような今までにない大災害がやってくるとしたら、どうしますか」

　みなさんならどうしますか。趙州和尚は次のように答えました。「恰(あたか)も好し（ありがたくいただきます）」

　給食の好き嫌いがある人もいると思いますが、好き嫌いは勝手に自分で決めたこと。どんなおかずが出ても「恰(あたか)も好し」と思えば、全てのおかずを感謝して食べることができます。同じようにこれからの生活で起こることに、これは好きでこれは嫌いなんて思い、しかも好きなことだけが起きて嫌いなことは起こらないでほしいなんて思うのは勝手に自分で決めていること。そんな都合のいいことなんてそもそも起こるはずはないのだから、どんなことに対しても「恰(あたか)も好し」と思えばいいんですね。

解説　趙州　　　　　　　　　　　（778〜897／中国の禅僧）

　不安は「未来」のことです。私たちが具体的にできることは「今」のことだけです。ですから、未来のことは全て受け入れ、今できることを頑張るしかありません。今を頑張る合言葉にしたいですね。

目標・夢

夢なき者に理想なし，理想なき者に計画なし，計画なき者に実行なし，実行なき者に成功なし。故に，夢なき者に成功なし　吉田松陰
―1年間の目標を立てることの大切さを伝える―

そのまま話せる！

　みなさんには夢がありますか？「夢なんてないよ」「まだ見つからないよ」もかまいません。夢なんて無理矢理見るものではありません。

　ただ，こんな言葉があります。「夢なき者に理想なし，理想なき者に計画なし，計画なき者に実行なし，実行なき者に成功なし。故に，夢なき者に成功なし」です。みなさんは，この言葉からどんなことを考えますか。

　人は，夢があるからこそ，自分のすべき行動や希望が見つかってきます。こうなりたいと目指すものがあるからこそ突き進んでいくことができます。毎日，なんとなく生きていると，なんとなく時間が過ぎていきます。

　いきなり大きなものでなくてかまいません。夢に近いものが見つかってくれればいいですね。まずは，「3月にはこんな自分になりたい」という夢を考えてみましょう。そこから計画→実行→振り返り→計画→実行→……とつなげていくことで，成功・成長へとつなげましょう。

　みなさんは，3月，どんな自分になりたいですか？

解説　吉田松陰　　　　　（1830～1859／日本の武士，思想家）
　4月は1年間の目標を決めることが多いでしょう。「夢」とは，こうした小さな目標の積み重ねで成り立ちます。こうしたことをイメージしながら目標を立てられるようにします。

困難

4月 困難を予期するな。決して起こらないかも知れぬことに心を悩ますな。常に心に太陽を持て フランクリン

―新しいことに不安を抱えている子どもに―

そのまま話せる！

　まだこの学級になって数日。期待もあるけど不安もたくさんあることでしょう。「友だちができなかったらどうしよう」「勉強がわからなくなったらどうしよう」など……。

　その昔，アメリカの政治家であったベンジャミン・フランクリンは，「困難を予期するな。決して起こらないかも知れぬことに心を悩ますな。常に心に太陽を持て」という言葉を残しています。

　昨日の友だちとのケンカのこと，勉強や習い事のことなど内容はそれぞれ違っていたとしても，悩みのない人なんていません。今，抱えている悩みを解決しようとするだけでも，かなりのエネルギーを使います。それに重ね，起きてもいないことにまで心を悩ますわけですから……身も心も疲れ切ってしまいます。

　実現したい未来を考えながら，生きていくことは楽しいこと。どうせなら，太陽のように明るい未来を想像して，楽しく前向きな気持ちで毎日を過ごしましょう！

解説　ベンジャミン・フランクリン　（1706～1790／米国の政治家）

　4月。新しい環境になじむことが苦手で，毎日を不安に思って過ごす子どもがいます。まだ見ぬ未来に不安感を抱かせるのではなく，期待や希望をもたせることで，日々の学校生活を楽しいと感じられるような指導をしていきましょう。

前向きな気持ち

我に七難八苦を与えたまえ
山中鹿之助

—自分を高めるために挑戦する心を—

そのまま話せる！

「願わくば，我に七難八苦を与えたまえ」戦国時代の武将，山中鹿之助は，武功を立てるために，三日月にこう祈ったそうです。七難八苦とは困難や苦しみがたくさんあることです。山中鹿之助はそうした困難や苦しみをたくさんくれと祈っているのです。

普通の人は，困難や苦しみをできるだけ避けようとします。自分が辛いからにほかなりません。人間ですから，辛いのは嫌なものです。

しかし，辛いからといって，そうしたことを避け続けていると人はどうなるでしょうか。「失敗すると嫌だな」そんな気持ちが強くなり，何もしないようになっていくかもしれません。そうなれば，人は成長しません。挑戦して困難や苦しみを乗り越えた時に，初めて力がつくということもあります。

七難八苦は，一見無駄なことのように見えても，実はとても必要なことかもしれません。この１年たくさんの挑戦を重ねて自分を高め，自身の武功を増やしていきましょう。

解説 山中鹿之助　　　　（1545〜1578／戦国時代の武将）
４月のスタートは不安もたくさんあるものです。でも，その不安をプラスに変えられるように，前向きな気持ちをもって一年間の取り組みに臨めるようにできるといいですね。

23

継続力

一竜一猪
いちりょういっちょ
―日々の小さな努力が大きな差に！―

そのまま話せる！

　新しいクラスになって，みんな授業の時も目をキラキラさせてやる気満々ですね。今，みんなは同じスタートラインに立っています。今できていることを続けていく人と，そうではない人。結果的にどうなるのでしょうか。

　昔の言葉で「一竜一猪」という言葉があります。これは，努力して学ぶものと，怠けて学ばないものとの間には大きな(賢愚の)差ができるということを伝えています。その結果一方は竜になり一方は豚になるということなのですね。

　毎日，努力し続ける難しさと大切さを表しているのではないでしょうか。例えば，前の日の1.01倍でも努力を毎日積み重ねると，365日後には，もとの37.8倍にもなります。しかし，「今日はちょっとさぼってしまおうかな」と前の日の0.99倍の努力をしていくと，なんと365日後にはもとの0.03倍になってしまうのです。その差は1000倍以上！

　さぁ，明日からいっぱい頑張ろう！ではなくてもよいです。今日から1.01倍の努力をしていきましょう。そして，来年の4月，みんな"竜"になろう！

解説　韓愈『符読書城南』より

　毎日の努力の積み重ねが，どのくらいの差になるのかを数字でも表してあげると，子どもたちにとってもわかりやすいですね。教室の言葉として掲示しておくのもいいでしょう。

不安（学習面）

聞くは一旦の恥，聞かぬは一生の恥
―知っているフリ，わかっているフリに対して―

そのまま話せる！

　学習でわからないこと，知らないことがあった時，みなさんはどうしていますか。知っているフリやわかっているフリをしていませんか。
　みなさんがしているその「フリ」は，知らないこと，わからないことのばれるのが恥ずかしいからではないでしょうか。他の人に何か言われたら嫌だと思っているからではないでしょうか。「聞くは一旦の恥，聞かぬは一生の恥」という言葉があります。フリをしていて，その場はやり過ごすことができるかもしれません。でも，その知らないことやわからないことはどうするのでしょうか。そのままです。そのまま，将来，大人になった時にわからない方が恥ずかしいと思いませんか。
　確かに人に聞くのは恥ずかしいことかもしれません。もしかしたら何か言われるかもしれません。でも，あなたが今わからなかったことをずっと覚えている人はいません。10年後も覚えている人がいると思いますか。今の小さな恥ずかしさと将来の大きな恥。みなさんはどちらを選びますか。

解説　ことわざ
　クラスで知っているフリ・わかっているフリをしている子は案外多いです。なぜ聞かないのか，その理由はやはり何か言われたらどうしようかという思いからです。そんな思いが少しでも和らぐようにこの話をしたいものです。

一致団結

三人寄れば文殊の知恵
―学び合う態度を育てたい時に―

そのまま話せる！

いきなりですが、問題です。□に0〜9の数字を入れ、下の式を完成させましょう。

$$□□ × □□ = 2018$$

（少し時間を取る）どうですか？ みなさんできましたか？ 「三人寄れば文殊の知恵」という言葉を知っていますか。もし難しい問題に出会った時、1人で悩んでも解決できない時、友だちの力を借りればいいのです。1人ではできないことも、3人の力だとできるかもしれません。3人でできないことでも、10人だとできるかもしれません。10人でできなかったことでも、クラス全員だと解決できるかもしれません。これは勉強に限らず、日常生活の中での問題でも同じことが言えます。

では、3人組でこの問題を解いてみましょう。

（少し時間をとる）どうですか？ できましたか？ 先生は答えを出すことも大切ですが、その過程をみんなで考えることに価値があると思います。だって、世の中には答えがない問題もたくさんありますから。

解説　ことわざ

「協力しましょう」と言うことは簡単ですが、協力する大切さを子どもたちが実感しているかはわかりません。そこで、なかなか解決できない問題を出し、協力し合う機会をつくることで実感させます。その時に使用してもらいたい話です。

友だちづくり

行く言葉が美しければ，来る言葉も美しい
―教室にマイナスの言葉が増えてきた時に―

そのまま話せる！

友だちから「バカ，アホ」と言われたらどうしますか。マイナスな気持ちになって，手が出てしまう子がいるかもしれません。「バカ，アホ」と言い返す子もいるかもしれません。お互いに嫌な気持ちになりますね。ケンカになるかもしれません。この時「ありがとう」と笑顔になる子はいませんね。

「行く言葉が美しければ，来る言葉も美しい」という韓国のことわざがあります。先ほどの「バカ・アホ」は美しくない言葉です。だから美しくない言葉が相手から返ってきてしまいます。みんなもそんな経験があるのではないでしょうか。もしかしたら美しくない言葉が人からくるのは，自分の言葉が美しくないのかもしれません。

友だちには，美しくない言葉ではなく，美しい言葉（優しい言葉，思いやりのある言葉，感謝の言葉，相手を尊重する言葉など）を使いましょう。きっと自分に美しい言葉が返ってくることでしょう。みなさんは美しい言葉，美しくない言葉のどちらを言われたいですか？

解説 韓国のことわざ

相手にマイナスな言葉を言ってしまう子がいます。自分が言ったことでトラブルになっているにもかかわらず，相手のせいにする子はクラスにいませんか。そんな子が自分の言葉のせいだと気づき，改善してもらいたいための話です。

多様性

4月 多様性は人生のスパイス
―互いのことを認め合える新しい出会いを―

そのまま話せる！

　みんな，カレーライスは好きですか。カレーライスに欠かせないものがあります。

　1つ目は，じゃがいも・にんじん・たまねぎ・コーン，牛肉・鶏肉・豚肉・シーフードなどの具材です。

　2つ目は，ターメリック・チリペッパー・シナモン・ガーリック・ガラムマサラ・クローブなどのスパイスです。

　作る人によって違いはありますが，なぜたくさんの具材やスパイスを加えるのでしょうか。それは，様々な具材やスパイスが混ざり合うことでより深みがあり，より美味しくなるからです。

　教室の仲間もカレーライスと似ています。みんながお家で作ってもらうカレーライスに違いがあるように，この教室の中にも勉強が得意な子，スポーツが好きな子もいれば，勉強やスポーツが苦手であったり，嫌いであったりする子もいます。これからみんなと過ごす日々の中で，よりたくさんの仲間との関わりを大切に深まりのある関係を築いていきましょう。

解説　英語のことわざ
様々な個性をもつ子どもたちがいる教室。自分たちが今まで関わりの少なかった仲間とも，進んで関わってほしいものです。

当番

仕事をするときは上機嫌でやれ
そうすれば仕事がはかどるし, 体も疲れない
ワーグナー

―自主的に当番の仕事をするために―

そのまま話せる!

　　　　給食当番と掃除当番についての話をします。今まで,当番が好きだった人もいれば嫌いだった人もいるでしょう。できることならしたくない人もいるかもしれません。ワーグナーはこんなことを言っています。「仕事をするときは上機嫌でやれ。そうすれば仕事がはかどるし,体も疲れない」

　上機嫌とは,楽しい気分という意味です。「楽しくなんてできないよ」と思った人もいたかもしれませんね。まずは,自分の中の「させられている」という気持ちを「している」気持ちに変えてみましょう。

　例えば,当番をする中で,「こうしたら等分に給食が配膳できる」「ここにゴミが多いからほうきでしっかりはくとよい」など仕事のコツを見つけたら,みんなにお知らせするのもいいですね。掃除が完璧にできたら,グループでハイタッチするのも盛り上がります。このクラスをよくしていくのは,君たち自身です。知恵を出し合って,楽しく当番に取り組みましょう。それがクラスをよくすることにきっとつながります。

解説 リヒャルト・ワーグナー (1813~1883／ドイツの音楽家)
　だんだんといい加減になる当番。「させられている」ではなく「している」気持ちにさせたいものです。仕事が楽しくなる工夫をしてみましょう。

行動力

自分が変われば行動が変わる。行動が変われば習慣が変わる。習慣が変われば人格が変わる。人格が変われば運命が変わる　ジェームズ

―自分を少し変えたい子どもたちに―

そのまま話せる！

　4月，環境が変わる中で，なかなか友達ができないとか，今までのようにうまくいかないと悩むこともあるでしょう。そんな時，自分の殻に閉じこもったり，他人のせいにしたりしがちです。まずは自分を見直すことから始めてみませんか。

　「自分が変われば行動が変わる。行動が変われば習慣が変わる。習慣が変われば人格が変わる。人格が変われば運命が変わる」という言葉があります。うまくいかない時だからこそ，自分から積極的に変化していきましょう。自分が気持ちを入れ替え，行動を変えることで，周りのあなたに対する目も変わり，周りの状況も変わってくるでしょう。そして，行動をすることで，あなた自身の考え方もきっと変わっていきます。他力本願ではなく，自力で，相手や周りや運命を変えようという心意気でいこう，そうすることで，自然にいろんなことが変化していきます。

　誰かが変えてくれるのを待つのではなく，変化を起こせるような自分でありたいものです。

解説 ウィリアム・ジェームズ　（1842〜1910／米国の哲学者）
　3週間続けると，習慣になるそうです。まず，習慣にするために，21日間，その行動を続けることから始めてみましょう。

友だちづくり

友人を得る唯一の方法は，自分がその人の友人になることである
エマーソン

―これから新しい仲間と出発するにあたって―

そのまま話せる！

さぁ，新しいクラスがスタートしました。たくさんの友だちができるといいですね。でも，友だちってどうやってつくるのでしょう。

アメリカのエマーソンという人は，「友人を得る唯一の方法は，自分がその人の友人になること」と言っています。友だちとは自分が選ぶのではなく，相手に友だちだと認めてもらうことだと伝えている言葉です。「今日から〇〇くんは友だち！」と思っていても，相手から友だちと思ってもらえていなかったら，それは友だちとは言えないですね。「あたりまえ！」という言葉が聞こえてきそうです。でも，認めてもらうことは，そう簡単なことではありません。

まずは，相手の気持ちを想像することからはじめてみましょう。そして，自分がされてうれしいことを相手にもするのです。決して，一日でできることではありません。だけど，その積み重ねがあなたを友だちと認めてもらうことにきっとつながります。お互いが友だちと認め合えるクラスになるといいですね。

解説 ラルフ・ワルド・エマーソン（1803〜1882／米国の思想家）
新しい学年のスタート。友だちができるか不安な子どもも多いことでしょう。言葉だけの「友だち」ではなく，互いを認め合い，思いやり，尊重できる関係を築きたいものです。

努力

雨垂れ石を穿つ
―努力は無駄だと思っている子どもに―

そのまま話せる！

　先週は体力テストがありました。本番に向けて放課後に運動場を走ったり、家でもトレーニングをしたりしているなんて話を保護者の方から聞いていました。昨日結果の集計をしてみました。努力が結果に結びついた子もいれば、結びつかなかった子もいましたね。

　「雨垂れ石を穿つ」という言葉があります。穿つというのは穴をあけるということ。雨が石に穴をあけることなんてできないよって？　確かに1滴，2滴の雨が落ちただけでは穴は空きません。しかし，同じ箇所に何万回，何億回と落ち続けることで，例え水のようなやわらかいものでも石に穴をあけることができるのです。

　努力はすぐに成果として表れるものではありません。それでも，雨の雫が少しずつ確実に石を削っていくように，取り組んだことは確実にあなたの力になっています。努力が形にならないからと諦めるのではなく，「力はついている，後は成果が表れるのを待つだけ」と言わんばかりにどしんと構え，努力を継続しましょう。

解説『漢書』より

　もうすぐそこまで来ているのに，成果が見えないから諦めてしまう。目に見えなくても確実に力はついていると自信をもたせ，努力が継続できる子どもにしていきましょう。

勇気

自ら省みて縮(なお)くんば
千万人といえども吾往かん

―正しいと思うことを胸を張ってできる勇気―

そのまま
話せる！

　新学期が始まって1ヶ月。4月にみんなと確認したルールもいつの間にか「みんなもやっていないから」と破っていませんか。また、そんな人を見ても「悪いとは思うけど、みんなに何か言われるから……」と正しいと思いつつも、何も言えない、そんなことはありませんか。

　中国にこんな言葉があります。

　「自ら省みて縮(なお)くんば千万人といえども吾往かん（自分の心で振り返ってみて、自分のやろうとしていることが正しいと言えるなら、たとえ相手が千万人いても私は進んでいこう）」

　みんなに2つのことを伝えていると先生は思います。本当に正しいことがわかる自分になっていますか。そして、本当に正しいことをやり通すことができる勇気をもっていますか。

　正しいことは人数で決めるのではありません。みんなはしっかりと何が正しくて、何が悪いかはわかっています。

　正しいことは胸を張って行動しましょう。

解説　『孟子』にある言葉

　5月は学級のゆるみが出てくる時期です。ゆるみが広がることが、次の問題行動につながります。子どもたちが本来もっている「正しい心」に勇気を与えましょう。

認め合う

5月 誰が風を見ただろう？あなたも私も見ていない。けれど木々が頭を下げるとき，風は通り過ぎて行く　ロセッティ

―友だちのよさを伝えられない子どもに―

そのまま話せる！

昨日，ある子が放課後，「先生，○○くん，去年と比べると，一生懸命がんばっているんだよ」と教えてくれました。話に出てきたその子の成長はもちろん嬉しかったけど，伝えに来てくれたその子の姿はもっと嬉しかったです。

イギリスの詩人ロセッティが，その昔こんな言葉を残しています。「誰が風を見ただろう？あなたも私も見ていない。けれど木々が頭を下げるとき，風は通り過ぎて行く」と。

誰かの成長や努力って，意識をしないと，気付くことができないものです。それはまるで，みんなが教室の中にいて，吹きつける外の風に気づかないように。でも，私たちは風の大きさや存在を知ることができます。木々の揺れが風の存在や大きさを教えてくれるからです。

目に見えない風を木々が伝えてくれるように，目に見えにくい友だちの努力や成長をみんなが言葉で伝えられたら……。もっともっと一人ひとりが楽しさや幸せを感じることができる学級になっていくのでしょうね。

解説　クリスティーナ・ロセッティ（1830～1894／英国の詩人）

自分のことで手一杯の5月。そんな中において，人の良さや成長に気づいて，知らせてくれる子どもが学級には必ずいます。そんな子どもたちを取り上げ，努力や成長を互いに認め合う集団にしていきたいものです。

報われる

私は固く信じている。すべての善の行動は，最後は必ず実を結ぶ
ガンジー

―自分の行動を振り返って―

そのまま話せる！

　宿題をやってこない，係の仕事や当番の仕事がちゃんとできない，そんな仲間を見たらみんなはどう思いますか。「ずるいな」「自分もやらないでおこうかな」そんな気持ちになることはありませんか。

　仲間に「やらないとダメだよ」と声をかけたり，仲間を助け，仕事を手伝ってくれたりする子もたくさんいますね。学校という場所では，みんなのしんどいことや苦手なこともたくさんあります。それでも粘り強く取り組んでいける人は，必ず自分の力になると先生は信じています。

　マハトマ・ガンジーという人が「私は固く信じている。すべての善の行動は，最後は必ず実を結ぶ」と言葉を残しています。善の行動とはどういう意味でしょうか。「善」とは，正しい，立派という意味が込められています。自分のやるべきことに責任をもつことこそ，「善の行動」ではないでしょうか。

　きっと今日のあなたの頑張りは，これからのあなたをもっと成長させてくれることでしょう。

解説 マハトマ・ガンジー（1869〜1948／インドの政治指導者）
　新しい環境にも慣れてくるこの時期に，宿題をしてこなかったり，当番などをしなかったりする子どもたちが増えてきます。そんなときにもう一度自分たちの行動を振り返って，自分たちの行動が「善」の行動であるか再確認できる機会をつくります。

みんなで楽しく

人類は一つのとても効果的な武器をもっている。それは笑いだ

トウェイン

―優しい気持ちのクラスにするために！―

そのまま話せる！

武器って聞くと何を想像しますか？　銃？　ミサイル？　ナイフ？　想像しただけで怖いですね。一方，ある人がこんなことを言っています。「人類は一つのとても効果的な武器をもっている。それは笑いだ」これだとちっとも怖くないですね。でも，笑いが武器？　一体どういうことでしょう。

怖い方の武器は，相手を傷つけようとする武器です。「怒り」が根っこにあります。相手より勝り，自分が優位になることをねらいます。そのためには手段を選びません。だから怖いのです。当然，負けた方は，傷つき，相手を恨むでしょうね。でも，「笑い」の武器は，お互いが笑顔になることをねらいます。相手を傷つけたりしません。それどころか幸せな気持ちにしてくれます。互いに傷つけずにどちらもが幸せな気持ちになれるのです。

教室も同じです。「怒り」が根っこにあると，だれかを傷つけます。「笑い」が根っこにあると互いが幸せになれます。どちらの教室が幸せな場所かわかりますよね。

解説　マーク・トウェイン　　　　（1835～1910／米国の作家）
　5月，緊張していた気持ちも少しほぐれてくるこの時期。互いのことも少し知り合うとともに，ぶつかり合うことも出てきます。怒りに任せた行動が大きなトラブルに発展することもあります。心に余裕をもって，笑顔で日々を送れるといいですね。

応援・人付き合い

飢えている人がいたら，魚を与えるのではなく，魚の獲り方をおしえてあげなさい
―学習の際の心構えを伝える―

そのまま話せる！

　　　　あなたの周りにこんな人がいます。算数の授業，解き方がわからずに困っています。国語の授業，どう文章を書いたらいいのかわからないでいます。テストの間違い直し，正しい答えがわからず悩んでいます。

　さぁ，あなたはどうしますか。もちろん助けてあげられるみんなであってほしいと思います。でも，「助ける」ってどうすることなのでしょうか。

　中国の言葉にこんな言葉があります。「飢えている人がいたら，魚を与えるのではなく，魚の獲り方をおしえてあげなさい」同じように，日本の似た言葉に「人に魚を与えれば一日で食べてしまうが，釣りを教えれば一生食べていける」というものもあります。

　わからないこと，悩んでいることのゴールである「答え」を教えてあげることは簡単です。感謝もされるかもしれません。でも，それが本当にその人のためになるのか考えてほしいと思います。本当の優しさは，ゴールに辿り着くまでの「過程」を一緒に歩んであげることではないでしょうか。

解説 中国の哲学者老子という説が有力
授業づくりも本格化してきます。授業において，仲間と助け合うとは，学び合うとはどういうことかを考える機会をもちます。子どもたち同士が学び合える学級をつくり上げたいものです。

失敗

5月 人間の目は、失敗して初めて開くものだ

チェーホフ

―結果を残すことができなかった子どもに―

そのまま話せる！

　春の運動会も終わりました。運動会では残念な結果に終わってしまった人もいました。終わった後，涙を流す子，励ます子，明日から秋に向けて練習を始めようと言い出す子。その姿を見ていて，先生はとても嬉しくなりました。ロシアを代表する劇作家のアントン・チェーホフという人が，こんな言葉を残しています。「人間の目は，失敗して初めて開くものだ」と。

　今回の結果は，失敗だったのかもしれません。でも，この結果だったから，この失敗があったから……みんなの優しい心が見えてきました。失敗したから，みんなで想いを共有することができました。悲しみや悔しさではありましたが。リベンジだ！と学級がまとまりました。と考えると，「失敗」で終わった日だったのでしょうか。いいえ，学級が初めて開いた日だったのです。

　この先も失敗することはあるでしょう。その時は自分たちの何かが開いたのだと，チャンスなのだと思いましょう。失敗しないと変わらない。失敗するから変われるのです。

解説　アントン・チェーホフ　（1860～1904／ロシアの劇作家）
　現状に満足している人に「向上心」は芽生えません。失敗があるから人は変化を求め，努力をしようとします。失敗は変わるチャンスです。前向きに捉え，次に目を向ける子どもを育んでいきたいものです。

母親への想い

悲しいのはあなただけではありません
新美南吉

―感謝をうまく伝えられない子どもに―

そのまま話せる！

　今週末は母の日です。日頃，お母さんへ感謝を伝えることはできていますか。感謝や愛を伝えることが恥ずかしい年頃。難しいことかもしれませんね。それならばせめてお母さんの喜ぶことをしてみてはいかがでしょうか。

　新美南吉さんのお話の中に「悲しいのはあなただけではありません」というセリフがあります。あなたが悲しい時，他に誰が悲しむでしょうか。親，兄弟，友だち……あなたが傷つけば，周りのたくさんの人が悲しみます。

　あなたの悲しみは当然，あなたのお母さんの悲しみになります。逆を考えると，あなたの喜びは，あなたのお母さんの喜びとなり，友だちの喜びは，友だちのお母さんの喜びになります。つまりはここにいる全員の喜びが，ここにいる全員のお母さんの喜びとなるわけです。

　あなたの喜ぶ姿が，お母さんの喜びです。何よりの贈り物です。母の日に全員がそんな素敵な贈り物を届けられるように，互いを想う心を大切にしていきながら，全員が安心・安全に過ごすことができる学級にしていきましょうね。

解説 新美南吉　　　　　　　　（1913～1943／児童文学作家）
　母の日。健康で明るく元気に過ごすことこそが最大の贈り物であることを共有し，贈り物を届けるためにはどのように日々を過ごせばよいかということを考える場にしたい。

あたり前の幸せ

5月 近すぎる幸せは見えにくい
ベンツ

―家族への感謝の気持ち―

そのまま話せる！

みなさんは、「〇〇さんの家はいいな」とか「どうして私の家だけ……」と友だちに対して、「うらやましいな」とか、「幸せそうでいいな」などと思ったことはありませんか。「隣の芝生は青く見える」、周囲の友だちが自分より幸せそうに見えることがあります。

だけどみんなの周りにも、幸せは広がっています。車のメルセデス・ベンツの生みの親であるカール・ベンツは「近すぎる幸せは見えにくい」と言いました。「近すぎる幸せ」って何でしょう。みんなが学校に持ってきている筆箱や鉛筆は誰が買ってくれたのでしょう。今着ている服は誰が洗濯してくれたのでしょう。帰る家があることや履く靴があること……。そう、みんなが当たり前と思っていることが、近すぎる幸せなのです。本当は全てのことに感謝しなければいけませんね。

今日の学級便りには空欄の部分があります。そこにお家の人にありがとうの気持ちを込めた手紙を書きます。もちろん、字だけでなく絵も入れてもいいですよ。

解説 カール・ベンツ　　　（1844～1929／ドイツの実業家）
普段の生活に対して「感謝」や「幸せ」はなかなか感じにくいものです。自分たちの近くにある幸せに目を向けさせるきっかけをつくりましょう。

失敗

明日は明日の風が吹く
―失敗しても大丈夫！落ち込んでいる子に―

そのまま話せる！

　失敗をしない人間って、この世の中にいるのでしょうか。プロ野球の選手でも、打率３割を打てば一流と言われています。10回中３回しかヒットを打っていないのです。つまり残り７回は失敗しているのです。半分以上失敗しているのに、一流と言われているのです。失敗とは誰もがすることです。失敗した時は悔しかったり、恥ずかしかったり、マイナスなことを言われたり、気持ちが落ちこむかもしれません。

　「明日は明日の風が吹く」ということわざがあります。よく歌詞にも使われているので知っている人も多いことでしょう。「今日が辛い日でも明日はいい日になるさ」「明日は今日と同じ日が来ることはない」などと楽観的に考えましょうという意味です。

　いい加減なことをしての失敗はダメですが、一生懸命した上での失敗なら、いつまでも引きずるのをやめませんか。明日の成功に備えて！

解説　ことわざ

「失敗＝悪」といった構図が子どもたちの中にあります。失敗は誰もがするもの、失敗をしても大丈夫！　次に頑張ろうという思いを子どもたちにもってもらいたいものです。

41

5月 勇気は筋肉と同じで，使えば使うほど鍛えられる
ゴードン

―勇気を出せる子どもたちに―

そのまま話せる！

　勇気ってどんな時に使いますか？「手を挙げて意見を言う」「困っている友だちを助ける」「言いにくいことを伝える」……と様々な場面で勇気を使うことがありますね。ただ，本当は「こうしたいな」と思っていても勇気が出ずにできないこともあるのではないでしょうか？　先生だって同じです。いきなり勇気が出るはずがありません。

　「勇気は筋肉と同じで，使えば使うほど鍛えられる」という言葉があります。みなさんはこの言葉からどんなことを考えますか？　みんなも知っていると思うけど，「筋肉」ってそう簡単にはつきません。毎日，地道なトレーニングを積み重ねることによって，少しずつついてくる。また，トレーニングをサボるとすぐになくなってしまいます。

　「勇気」もこれと同じです。使えば使うほど鍛えられるし，使わないとすぐになくなってしまいます。いきなり大きな勇気でなくてかまいません。少しのことから勇気を使ってみましょう。小さな勇気の積み重ねが，大きな勇気につながっていきます。

解説 ルース・ゴードン　　　　　（1896～1985／米国の女優）
　「筋肉」に例えることでイメージしやすくなります。新学期が始まって1ヶ月後くらいにこんな話をすることで，子どもたちは自分の行動を振り返ろうとします。

人のことも許してあげなさい
―友だちとのトラブルが増えてくる時期に―

そのまま話せる！

　新しいクラスになって1ヶ月が経ちました。どんどん仲よくなってきましたね。関わることが増えてくれば，当然言い合いやケンカも増えてくるでしょう。最近，友だちと言い合いをしたりケンカをしたりしたことはありませんか。「一度もない」人なんて滅多にいないと思います。先生も今でも，周りの人と言い合いをしてしまうこともあります。

　そんな時に，先生の心を落ち着かせてくれる言葉があります。それは，「人のことも許してあげなさい」です。これはインドのことわざだそうです。

　これまでお家の人や先生などの大人に「人に迷惑をかけてはいけない」と教えてもらうことが多かったかも知れません。しかし，インドでは，「あなたは人に迷惑をかけて生きているのだから，人のことも許してあげなさい」と教えるそうです。ケンカになりそうな時は，相手の考えに少し思いを馳せて，「許せる」ことを増やしていきましょう。相手との関係がよりよくなっていきますよ。

解説　インドのことわざ

　関わることが増えれば増えるほど，衝突も増えます。「許せない」が怒りの感情を生み出します。この言葉を頭の片隅に置いておくだけで，許せることも増えてくるでしょう。

粘り強さ

それは咬の毒なり食すまじ

石田三成

―最後まで諦めず，粘り強く―

そのまま話せる！

　戦国時代の武将，石田三成は関ヶ原の戦いで敗れ，処刑される間際，のどが渇いたので水を所望したところ，見張りの兵士に「水はないから，干し柿を食え」と言われます。三成はその時，「干し柿は体に悪いから，私は食べない」と言って断ります。この後すぐに処刑されるのにも関わらず。なぜでしょう。

　人は，いつの間にか自分自身で勝手に終わりを決めてしまいます。そして，終わりを決めたところで，これ以上やっても無駄だと物事を諦めてしまいます。でも諦めたらそこで終わりのたとえ通り，全てが終わりになり，何事もなすことができません。

　三成は縄目に掛り，処刑されることが決まっていても，徳川家康を倒すという信念を持ち続け，処刑されるまでは何が起こるかわからない，助け出されて再び戦えるかもしれないという希望を持ち続けました。だから，最後の最後まで自分の体を大事に思っていたのです。結果，歴史に名を残しました。粘り強く最後まで諦めない心は，強い心の持ち主にほかなりません。

解説 石田三成　　　　　（1560～1600／戦国時代の武将）

　５月。新しい学年にも慣れ，活動を活発化させる時期。そんな時期，「めんどくさい」で物事を投げ出してしまいがちな子どもたちに強い心を育てていきたいものですね。

ケンカ

腹が立ったらしゃべる前に10数えなさい。それでもおさまらないなら100まで数えなさい
ジェファーソン

―ケンカが多い子どもに―

そのまま話せる！

　ケンカは誰にでも起こることです。ケンカが絶対に悪いとは思いません。仲直りすればいいからです。ただ，ケンカをした後は嫌な気分になりませんか。どうしてあんなこと言ってしまったんだろうと後悔する時もあるでしょう。ケンカをしなくてすむなら，したくないと思いませんか。

　第3代アメリカ合衆国大統領トーマス・ジェファーソンの言葉です。「腹が立ったらしゃべる前に10数えなさい。それでもおさまらないなら100まで数えなさい」

　腹が立って，その勢いですぐにしゃべると言葉が乱暴になってしまいます。相手を傷つけてしまう言葉も飛び出すでしょう。言い合っているうちに，さらに腹が立ってきて，さらにひどいことを言ってしまうこともあるでしょう。そうならないためには，まずは自分の心を落ち着かせなくてはいけません。目をつぶり10数えてみましょう。そして冷静になり，何が嫌だったのか考えてみます。「仲間に入れてほしかった」「体に当たったのが痛かった」……。落ち着くとどのように言ったら相手に伝わりやすいのかわかるはずです。その方がずっと相手にも伝わりますよ。

解説　トーマス・ジェファーソン（1743～1826／米国第3代大統領）
　ケンカをしたい子どもはいません。すぐにカッとならずに，自分の気持ちをコントロールできる方法を教えましょう。

トラブル

他人に変わって欲しければ，自ら率先して変化の原動力となるべきだ
ガンジー

―トラブルを先生に言いに来る子が増えてきた時―

そのまま話せる！

「○○くんがこんなことをしていた～」

「○○さんがこんなことをしてくれない～」

　最近，こんな不満を言いに来る子が増えました。もちろん，先生はその子がいい加減なことをしていたり，ダメなことをしたりといったときにはその子を叱ります。ただ，「他人に変わって欲しければ，自ら率先して変化の原動力となるべきだ」というガンジーの言葉があります。不満を先生のところに言いにくることは簡単です。でも，「なぜその子がそんなことをしてしまうのか」を少しでもいいので考えてみませんか。そして，その理由が少しでもわかったのであれば，その子に変化を求めるよりも先にその理由を解消できるように行動して見ませんか？　だって，みなさんは同じクラスメイトなのですから。

　あなたが他の人々に求める変化を自分で行ってみてください。これまでと違い，自分が率先して動いたことでその子も変わってくれるかもしれませんよ。

解説 マハトマ・ガンジー　（1869～1948／インドの政治指導者）

　新しいクラスになり，3ヶ月。子どもたちが新しいクラスに慣れてきたことで，クラスメイトのマイナス部分が見えてくる頃です。そのマイナス部分を直せるのは，教師だけではありません。同じクラスである友だちが直せることもあるのです。

礼儀・生活習慣の見直し

親しき仲にも礼儀あり
―ありがとうを言えていますか？―

そのまま話せる！

　消しゴムを拾ってもらった時，何か助けてもらった時に「ありがとう」と言えていますか？　朝，出会った時に「おはようございます」と言えていますか？　最近，みんなの様子を見ていると，できていない子が増えてきたことがとても気になります。

　「親しき仲にも礼儀あり」ということわざがあります。新しいクラスになって3ヶ月。新しいクラスにも慣れ，友だちとも親しくなっている今だからこそ気をつけていきましょう。親しい間柄では，遠慮がなくなり，相手への心遣いが悪くなってしまうことがあります。

　礼儀とは，社会のきまりにかなう人の行動・作法。そのような敬意の表し方のことです。みなさんが大人になった時にももちろん大切なことです。まずは，笑顔で「ありがとう」，「おはようございます」とお互いに言い合うことで，クラスみんなを笑顔にしてみましょう。よりクラス全体が温かい雰囲気にもなります。親しい仲になったからこそ，より礼儀を守っていきませんか。

解説　ことわざ

　新しいクラスになり，3ヶ月。子どもたちが新しいクラスに慣れてきたことで，相手への遠慮がなくなり，トラブルが起きやすくなります。もう1度，子どもたちの気持ちを引き締めるために話をしましょう。

ケンカ・友情

6月 友情は一つの磁石です
―友だちとの関係に悩んでいる子どもへ―

そのまま話せる！

　磁石にはS極とN極があります。2つの磁石が合った時，S極とN極であれば強く引き付け合います。しかし，S極同士，N極同士だと反発し合います。

　「友情は一つの磁石です」というロマン・ロランさんの言葉があります。友情とは，心と心との結びつきです。一時的なものではなく，いつまでも続くもの，S極とN極の状態です。人間関係でいうと，困っている時はお互いに助け合うことでしょう。そして仲よく楽しく過ごすことでしょう。

　しかし，何かのきっかけで1つの磁石が2つに割れてしまい，同じ極同士が向き合うと反発が生じ，言い争いになってしまいます。みなさんも経験があるかもしれません。

　でも，元は1つの磁石です。きっかけがあればまた1つの磁石に戻り，これまで通りになることでしょう。特に，みなさんの年頃は磁石が割れやすく，そしてくっつきやすいのです。くっつき，離れを繰り返すことで，その磁石の力は強くなります。みんなの友情も強くなっていきます。

解説 ロマン・ロランの大作『魅せられたる魂』より
　中学年になると，人間関係が悩む子が増えてきます。そんな子たちにとっての励ましになるようにこの話をしたいものです。

努力

天才とは，ただ，努力の継続をできる人のことをいう
ハバード

―自分は才能がないと落ち込んでいる子どもに―

そのまま話せる！

テストを返却する際に，○○君は「○○さん100点！ 天才はいいなぁ」って言うでしょう。確かに○○さんは賢い子だなぁと思います。でも，だから100点を取っているのかと言うと，それは違うと思います。

その昔，アメリカの作家ハバードは「天才とは，ただ，努力の継続をできる人のことをいう」という言葉を残しました。100点を取る子たちって陰での努力がすごいなぁといつも感心しているんです。ある子は人の何倍もの漢字を練習しています。ある子は何ページにもわたって計算問題を練習しています。1回や2回ではありません。毎日です。

話を戻します。○○君の言う○○さんは天才という言葉。何もしなくてもできてしまうという意味での天才ならばそれは違います。でも，努力を継続できる人を天才とするならば，それは間違いありません。○○さんは天才です。

努力の天才は，誰でもなれるチャンスがあります。努力を継続して，"みんな天才"の学級を目指しましょう！

解説 エルバート・ハバード　　（1856〜1915／米国の作家）

テスト返却時の場面。天才と言われた子ども。喜ぶ子もいれば，プレッシャーを感じて顔を曇らす子も。結果は変わるもの。でも取り組む過程は変わりません。変わらない過程を称え，努力の天才で溢れる学級にしましょう！

生活習慣の見直し

飛行機は追い風ではなく，向かい風によって飛び立つ
フォード

―踏ん張り時が成長する時―

そのまま話せる！

　６月はクラスにとっていろいろな悪い出来事が起こると言われています。風で例えると「向かい風」です。前に進もうにもなかなか進めません。いいことばかり起こっている時，つまり「追い風」の時は何をしても楽しく順調に進んでいくのに……。

　アメリカで「自動車王」と言われたヘンリー・フォードは次のように言っています。

　「飛行機は追い風ではなく，向かい風によって飛び立つ」

　まずはみんなと一緒に悪い出来事をなくすようにしていきます。でも，「なかなか自分の思い通りにいかないな」と思う時に，是非，この言葉を思い出してください。思い通りにいかない時は，向かい風が吹いている時。それは大空に飛び立つ時，つまり人として大きく成長する時が来ているんですね。向かい風だから，前に進むのは，大変かもしれません。しかし，ぐっとこらえて大きく成長するためのチャンスにしていきましょう。

解説　ヘンリー・フォード　　　（1863～1947／米国の企業家）

　風の強い日に子どもたちに追い風と向かい風を体験させて話したい言葉。誰もが追い風を望みますが，空に飛び立つような大きなことをするためには向かい風が必要なんですね。踏ん張り時が成長する時です。

規則正しく

善とは何か。後味の良いことだ
悪とは何か。後味の悪いことだ

ヘミングウェイ

―いい加減な行動が出始めたら―

そのまま話せる！

　ゴミをその辺に捨てました。廊下を走りました。当番をさぼりました。靴を揃えませんでした。宿題をいい加減に済ませました……。全て悪いことなのはわかっていますよね。では，なにが悪いのでしょう？　もちろん誰かに迷惑をかけてしまったり，嫌な思いをさせたりすることもあります。でも，一番悪いのは，自分自身を裏切っているということです。

　「善とは何か。後味の良いことだ。悪とは何か。後味の悪いことだ」と言った人がいます。悪いことをすると自分の心に嫌な気持ちが残ります。そして，それはなかなか消えません。一方で，善いことをすると自分の心に清々しい気持ちが残ります。

　面倒くさいな。しんどいな。ちょっといじわるしてやりたいな……。そんな弱い自分に負けて，悪いと思っていることをすることは，自分自身に嫌な思いをさせるということです。みなさんはどうですか。大切な自分自身に嫌な思いをさせていませんか？

解説　アーネスト・ヘミングウェイ
（1899～1961／米国の小説家，詩人）
　学年初めの緊張感も少し緩み，いい加減な行動もしがちになるこの時期。互いに気持ちのいい毎日を送るためにも，今一度，ルールを守る意味を考える機会をもちましょう。

多様性

精神の最も普遍的な特質は多様性である
モンテーニュ
―自分と仲間との違いを見つめ直す―

そのまま話せる！

最近先生が気になっていることがあります。みんなが仲間に向かって「何でこんなことができないの？」「これが普通だよ」など、できないことを責める言葉を授業中や休み時間に使っていることです。

フランスのモンテーニュという哲学者の人がこんな言葉を残しました。「精神の最も普遍的な特質は多様性である」

この言葉の意味を一緒に考えてみませんか。例えば、赤と青の絵の具を使って色を作るとします。何色ができますか、そう、紫ができますね。でも決してみんな同じ色の紫はできません。なぜなら一人ひとり違う分量で色を作るからです。得意なことや苦手なこと、好きなことや嫌いなものは人によって違います。顔も性格も全て同じ人はいません。違いがあって「あたりまえ」、そして、違いがあるからこそいろいろなことがあって楽しいのだと思います。

自分と人との違いから自分の「普通」を押しつけるよりも、苦手なことなどは互いに補い合えるようなそんな学級の仲間になってみませんか。

解説 ミシェル・ド・モンテーニュ
（1533～1592／フランスの哲学者）
様々な仲間と過ごす教室。仲間とのすれ違いが多くなってくる時期です。互いの違いを認められるようなあたたかい人間関係を育んでいきたいですね。

人間関係

自利利他
一自分勝手な行動が増えてきた時に一

最澄

そのまま話せる！

　　　　自分にとって利のあること（よいこと）を「自利」と言います。他人にとって利のあることを「利他」といいます。どちらが大切なのでしょうか。どちらが優先されるべきことなのでしょうか

　自分の「利」は，自分のことだからすぐにわかりますよね。でも，他の人にとっての「利」って，考えないとわかりません。「この行動は，周りの人をどんな気持ちにさせるかな」「この言葉は，相手にどう受け止められるかな」と考えることが，自分を成長させてくれます。次は他の人からあなたが大切にしてもらえます。つまり，周りの人の幸せは，自分の幸せにつながっているのです。そう考えると，どちらが優先ということはありませんね。

　さぁ，自分の行動を思い返してみてください。これからしようとしている行動を立ち止まって考えてみてください。「自利」のみになっていませんか。みんなを幸せにすることにつながっていますか？

解説　最澄　　　　　　　　　（766？767？～822／天台宗開祖）

この時期になると慣れもでて，つい自分本位の行動が増えがち。その行動が，だれかに迷惑をかけていることに気付けない，気づいていても「まあいっか」と流してしまう……といった様子が顕在化します。この積み重ねが，学級の雰囲気を悪くし，学級を崩壊させることにつながりかねません。

梅雨時期の心のもち方

晴れた日には晴れを愛し，雨の日には雨を愛す。楽しみあるところに楽しみ，楽しみなきところに楽しむ

吉川英治

―梅雨から人生を豊かに―

そのまま話せる！

梅雨の時期です。毎日雨ばかりで「面白くないなぁ」って思っている人も多くいるかもしれません。いつもできることができないからこそ「面白くないなぁ」と思う人も多くいるでしょうね。当然のことだと思います。

先生は，雨の時期に思い出す言葉があります。歴史作家吉川英治さんの「晴れた日には晴れを愛し，雨の日には雨を愛す。楽しみあるところに楽しみ，楽しみなきところに楽しむ」という言葉です。

雨が降った時，「ただ濡れるだけ」「雨なんて面白くないなぁ」は当然のことです。でもそこで，雨を楽しんだり，雨からたくさんのことを想像できたりすると人生が楽しくなってきます。

どんなことでも同じです。当たり前に過ぎる毎日に，何か1つでも「楽しむ」ことを増やしていけるかどうかは自分次第です。雨すらも感じて楽しむことができるのですから。雨が降ったときにはそんなことを思い出してみるのもいいかもしれません。

解説 吉川英治　　　　　　　　　　　　（1892～1962／作家）
梅雨の時期，雨が降ってばかりで子どもたちは退屈してしまいます。そこで雨に関する言葉です。「何となく」の日常を楽しくするかどうかは自分次第です。

係活動を見直す

待っているだけの人達にも何かが起こるかもしれないが，それは努力した人達の残り物だけである
リンカーン

―係活動を活発化させる―

そのまま話せる！

　係活動がスタートして，2ヶ月。自分たちで考え，決めた係活動をできていますか？　最近，「〇〇くんがしてくれない」「□□さんがすぐにサボる」といった声をよく聞くようになりました。みなさん，係活動を自分から動けていますか？　自分が動けていなくても，係活動ができていて，クラスに迷惑をかけていないと思っていませんか。

　こんな言葉があります。「待っているだけの人達にも何かが起こるかもしれないが，それは努力した人達の残り物だけである」自分が動けていなくても，係活動ができているのは，一生懸命に取り組んでいる子たちのおかげ＝残り物だからです。

　そこで今からこの2ヶ月のことを振り返り，よかったこと・できなかったことを明らかにして，継続して取り組むためにはどうしたらいいのか話し合いましょう。残り物ではなく，互いを幸せにできる活動ができるといいですね。

解説 エイブラハム・リンカーン（1809～1865／米国第16代大統領）
　クラスが始まり2ヶ月が経つ頃になると，上のような訴えをしてくる子がいます。叱ることは簡単ですが，その子はきっと継続することができずにまた叱られることでしょう。叱るのではなく，学級会などで継続して取り組むための方法を考えることで，自分の問題なのだと認識させましょう。

諦めない心

6月 準備を怠るものには，チャンスは決して訪れない
パスツール

―できると信じて諦めない―

そのまま話せる！

　　　努力を重ねていく中で成果が上がらない，思うようにいかないといった"壁"を感じたことはありませんか。壁を感じた時，みなさんはどのようにその壁を乗り越えようとしていますか。

　「準備を怠るものには，チャンスは決して訪れない」この言葉のチャンスを"壁を乗り越えるチャンス"と捉えて考えてみましょう。チャンスは準備がなければ訪れないそうです。みなさんは何を準備しますか。何が起きても諦めない気持ち？　うまくいかなくても努力し続ける根気？　どちらも大事なことですが，何よりも始めに準備しなければならないものは，"覚悟"です。まずは「壁はいずれ必ず立ちはだかる」という覚悟を準備しましょう。覚悟さえ準備しておけば，いずれ来る壁を乗り越えるために何が必要なのか考え，必要と考えるものの準備を始めることができます。

　目標や夢を叶えようとする上で，壁は必ず生まれます。いずれ訪れるチャンスを手にできるように，まずは覚悟を準備することから始めてみましょう。

解説　ルイ・パスツール　　　　（1822〜1895／フランスの学者）
　ワクチンの予防接種の考え方を考え出したフランスの学者。発見の裏には，用意周到とも言える様々な準備がありました。私たちも，彼を見習って，しっかりと準備を怠らず，いずれ訪れる成功を待ちましょう。

人間関係づくり

その長ずる所を貴び，その短なる所を忘れる
―仲間の"いいところ"を認め合えるクラスに―

そのまま話せる！

　4月に出会った新しい仲間とも随分となれてきたこの時期。出会った当初は"いいところ"を見つけようと意識して行動できていたはずが……。さぁ，あなたの仲間を見る「目」はどうでしょうか。

「その長ずる所を貴び，その短なる所を忘れる」という言葉があります。短所には目をつぶって，もっぱら長所を発揮できるようにしてあげようという意味です。

もちろん，"悪いところ"を指摘することも大切なことです。しかし，いつもいつも悪いことばかり言われていては，だれもいい気分はしませんね。

人間というのは叱られるよりも，むしろほめられることによって，やる気も出るし，成長もします。短所をあげつらうよりも，孫権のように長所をほめてあげるほうが，人間関係をうまく進めていくコツなのです。人間関係が安定していれば，クラスも必ずよい方向へ向かっていきます。いいクラスにするためにも，仲間の"いいところ"に目を向けて生活していきましょう。

解説　「貴其所長，忘其所短」（『三国志』より）
　人間関係の安定のためには，「まあこのくらいは」という心の余裕が必要です。短所ほど目につくものですが，そこを流せる人間的な寛容さがあることも必要と教えてあげましょう。

行動化を促す

6月 知って行わざるは、知らざるに同じ
貝原益軒
―思い立った時に即行動できるように―

そのまま話せる！

「これをやっとけば、テストができたのに」「昨日の夜までは覚えていたのに。なんでその時に準備しなかったのだろう」このように、自分に対して、腹を立てたり、情けなく思ったりしたことはありませんか。そんな時に、「知って行わざるは、知らざるに同じ」という言葉を思い出してみてください。江戸時代の儒学者の貝原益軒さんが、『養生訓』という健やかな人生を送るためのノウハウを書いた本の中にある言葉です。

私たちは、生活を送る中で、様々なことを感じ生活しています。それは、自分に対しての気づきもあれば、他者に対しての気づきもあります。しかし、その感じたことを即行動できる人とできない人がいます。目先のことにとらわれたり、つい自分の甘えから行動を躊躇したりして、行動が後回しになってしまいます。そして、しなかったことを後悔します。後で後悔しても、どうにもなりません。

思い立ったら、即行動しましょう。行動することで、万が一、うまくいかなかったとしても、自分で、納得できるはずです。

> **解説　貝原益軒**　　　　　　　　（1630～1714／儒学者）
> ゴミを見つけたらすぐに拾ってゴミ箱へ、困っている人がいたら、すぐ声をかけるなど身近にできることからはじめられる子どもが増えていくといいですね。

人との交流

人間の一生は若きに極まる
鍋島直茂

——座の人にもあかれざるように—

そのまま話せる！

戦国時代の大名、鍋島直茂の『直茂公御壁書』の中に書かれている1つです。「人の一生は若い時の志によって決まるものだ。周りにいる人々に離れられてしまわないように」という意味です。

子どもの時にしっかりと考え、行動することによって身につけたことは、大人になってもなかなか忘れないものです。ですから、いい加減にすごした子どもは、大人になってもいい加減なままですし、逆に子どものころ、自分に厳しく他人にやさしく接しようとしていた人は、大人になっても人から信頼されるような心の持ち主です。

この言葉の説明に次のような論語の一説が載っています。「子曰。志士仁人。無求生以害仁。有殺身以成仁」学問を志す立派な人は、正しい道のために自らを犠牲にしてまでも行いをただすものだといった意味です。我が身を省みず、正しい道を追求するには強い心が必要です。そのような強い心は一朝一夕に養うことができません。

今、自分が大切だな、正しいことだなと感じることを率先して取り組んでいきましょう。人にあかれざるように。

解説 鍋島直茂　　　　　　　　（1538～1618／戦国時代の大名）
6月。人が人と交流できる時間というのは、人生のトータルで考えると、実は大変短いもの。だからこそいつ出会うかわからない人のために幼きころから自分を鍛えていきたいものです。

友だち

二人は一人に勝る
―友だち月間で考える「友だちの大切さ」―

そのまま話せる!

　今日から「友だち月間」にしましょう。「友だち月間」では,友だちのいいところを見つけてほしいと思います。

　みんなにとって友だちとはどんな人ですか。自分の思い通りに何でもしてくれる人? いいえ,違います。一緒にトイレに行ってくれる人? いいえ,違います。

　「二人は一人に勝る」という言葉を聞いたことがありますか。友だちがいることは心強いという意味です。

　これまで運動会などの行事の中で,1人では,難しくてできないことも友だちがいることでできたことがたくさんありましたね。そして,みんなの心が1つになれば100％以上の力を発揮することができました。それは隣に友だちがいたからです。しんどいことやつらいことがあった時,1人で考え込むよりも友だちに話してみることで,しんどさやつらさが半減することがあります。また,嬉しいことや楽しいことは二倍になります。あなたは,友だちにとってどんな友だちでありたいですか。

解説 ことわざ

　「友だち」について考える「友だち月間」を設けることで,今まで知らなかった友だちのもちあじを知る機会にします。それとともに友だちと協力することの楽しさを感じられるような活動も取り入れていきたいですね。

ケンカ

挨拶は時の氏神
―人間関係―

そのまま話せる！

　みなさんは，ケンカをしたことがありますか？　ケンカをした時，どうやって解決をしていますか？　争いごとは互いの意見や考え方の違いで起きてしまいます。真剣に考えていれば，その分自分の主張を曲げたくない時だってありますよね。

　「挨拶は時の氏神」ということわざがあります。争いごとが起きた時，喧嘩や口論などの仲裁をしてくれる人は氏神様のようにありがたいので，その人の調停に従った方がよいということを表したことわざです。

　争いごとが起き，どうしようも解決できない時には，仲裁者の話に落ち着いて耳を傾けてみましょう。当事者とは違った視点からものごとを見た助言を聞いて，自分の言動を顧みることができるかもしれません。

　また，仲裁者がほしい時には，友だちや先生を頼ってみましょう。また，仲裁者として頼られることも素敵ですね。

解説　ことわざ

　カッとなって暴言を吐いてしまう子，手や足が出てしまう子が気になった時に，学級全体で考えたいことわざです。この話をすることで，争いが大きくなることを防ぐ方法がわかったり，自分が仲裁者になろう，信頼される人になろうと思う子も増えていきます。

自分

7月 他人と過去は変えられないけど，自分と未来は変えられる
バーン

―自分のこと，友だちのことに悩む子に―

そのまま話せる！

　今，悩んでいることはありますか。悩むことは辛くしんどいこともあるかもしれませんが，その後の人生を豊かにしてくれるものでもあります。先生だって，自分のこと，友だちのことなど，これまでたくさん悩んできました。悩みすぎてしんどくなったこともあったけど，ある言葉に出会って，悩むことが少しずつ減ってきました。

　それは「他人と過去は変えられないけど，自分と未来は変えられる」という言葉です。みなさんはこの言葉からどんなことを考えましたか。人は自分のコントロールできないことに悩みがちです。「他人」と「過去」はどうやっても自分でコントロールできませんね。しかし，「自分」と「未来」は自分でコントロールすることができます。コントロールできないことに悩む時間を使っていたら，もったいないことです。自分でコントロールできることに目を向けていきましょう。

　あなたが今悩んでいることは，自分でコントロールできること，できないこと，どちらでしょうか。

解説　エリック・バーン　（1910～1970／カナダの精神科医）

　大人になっても悩みは尽きません。ただ，悩んでも仕方のないこともあります。自分がコントロールできないことに悩んでいてもどうしようもありません。ハッとさせられる言葉です。

継続は力なり
―努力を続けることの大切さ―

そのまま話せる！

「僕，才能がないからできない〜」
「私，センスないからできないもん……」
そんな声を最近聞きました。他の人と比べて，自分はセンスがないな，才能がないなと思ってしまうことは誰にでもあります。しかし，才能やセンスのあるなしを気にして嘆いても何も始まりません。それよりも，努力をすることや努力の継続を心がけてみませんか。

「継続は力なり」という言葉があります。何事においても継続することは大変な努力が必要であり，地道な努力を続けていけば，やがて積み重ねが力となっていくという意味です。小さな努力でもその差は大きいです。さらに，継続の差はもっと大きいです。

努力をせずに成功する人はいません。努力を継続すれば，それだけ成功の可能性は高くなるはず。想像してみてください。継続してきた努力が，才能やセンスを上回った時を。そうなれば爽快だと思いませんか。

解説 ことわざ

努力をすることを嫌がり，才能やセンスがないと言い訳をする子が高学年になれば出てきます。きっとこれまでの失敗体験からそう言ってしまっているのでしょう。上のような話をし，その子をサポートし，成功体験を積ませてあげましょう。

テスト・自分の学び方

盗人を見てなわをなう
―自分のテスト勉強の仕方を見つけよう！―

そのまま話せる！

　1週間後，漢字のまとめテストをします。範囲は〇ページから〇ページです。みなさん，しっかり勉強をしましょう。

「盗人を見てなわをなう」という言葉があります。必要にせまられて，あわてて用意しても，手おくれであるという意味です。あらかじめ準備をしておくことが大切だということを説いています。漢字テストも事前に準備しておくことが大切ということは，みなさんも頭ではわかっていることでしょう。でも，実行できない人も多いですよね。どうして実行することができないのでしょう。1つの原因は，自分にあった勉強法を見つけることができていないからだと思います。つまり準備する方法を見つけていないということです。

「何度も書いて覚える子」「問題をたくさん解いて覚える子」「見て覚える子」など，その方法は人それぞれです。自分の方法を見つけていきましょう。それでは今から，漢字のまとめテストにむけてどのような学習方法で取り組むのかを班で考えましょう。

解説　ことわざ

　中学校になると，自分でテスト勉強をしないといけません。中学生になったときに困らないように，自分なりのテスト勉強の仕方を小学生のうちに身につけさせておきたいものです。

長続きしない

言い訳が得意な者に，他の事が得意であることは滅多にない
フランクリン

―言い訳の多い子どもたちに―

そのまま話せる！

　　最近，当番の仕事にきちんと取り組めていますか。「〇〇さんがさぼっていました」など嬉しくない報告が増えてきました。さらに残念なのは，理由を尋ねた際に「しようと思ったら……」「友だちが……」と言い訳の言葉が並ぶことです。「言い訳が得意な者に，他の事が得意であることは滅多にない」アメリカの偉大な政治家の１人であるベンジャミン・フランクリンはこのような言葉を残しています。

　うまくいかなくなってきた。しんどくなってきた。その時に言い訳ばかりしている人は「自分はやっているのに〇〇が……」と何かのせいにして，納得を見出し，諦めることでしょう。そうやって何もかも中途半端に終えていく先に，手に入れられるものはありません。

　言い訳を得意にするのではなく，やると決めた目の前のことを得意にしていきませんか。小さな得意の積み重ねが目標の達成や夢を掴むことにつながると先生は思います。言い訳の言葉で溢れる学級ではなく，夢や希望の言葉で溢れる学級を一緒に築き上げていきましょう。

解説 ベンジャミン・フランクリン　（1706〜1790／米国の政治家）
　６月。学級に緊張がなくなってくる頃。いわゆる「さぼる」事象が増えてきます。ただ叱るのではなく，学級を見直す機会と捉え，子どもが前向きな気持ちになる指導を心がけましょう。

学習の心構え

無知の知

ソクラテス

―「わからない」を大切にできる子どもに―

そのまま話せる！

　毎日，みんなと一緒に学習をしていて「わからない」という言葉は本当に素敵だなと思います。「わからない」からこそ物事の本質が見えてきます。

　「無知の知」という言葉を知っていますか。古代ギリシアの哲学者ソクラテスの言葉です。当時，万人の中で最も賢いと言われていたソクラテスは，「自分が無知であることを知っていることが，周りの人よりも優れているところである」ことに気づいていました。

　学習していて，何となく「わかったつもり」になっていませんか。「わかったつもり」は学習を止めてしまいます。「わからない」は恥ずかしいことだと思っている人もいるかもしれませんが，そんなことはありません。むしろ宝物のように大切なことです。「なんでだろう？」「どういうことかな？」を考えれば考えるほど理解が深まり，学習することがどんどん楽しくなっていきます。これからもみんなに大切にしてほしい言葉です。先生もずっと大切にしていきたい言葉です。

> **解説**　ソクラテス（紀元前469頃？～紀元前399／ギリシアの哲学者）
> 「わかったつもり」で終わらせてしまう子どもも多いです。「わからない」ことを自分で知っていることから学習が始まります。そんな意識を学級全体で共有したいですね。

迅速な行動

時を移さずに行うのが勇将の本望である。早く出立せよ
伊達政宗

―何事も迅速に―

そのまま話せる！

　戦国時代の大名、伊達政宗の言葉です。「まごまごしていると、時を逸してしまう。早く戦に行くぞ」ということです。

　人は、ついつい物事を先延ばしにしてしまいがちです。明日しよう、明後日やろうと。夏休みの宿題を後に後に回して、宿題が終わらない、夏休みが終わると焦ったことがあるでしょう。

　そうならないためにも、やるべきことはすぐやる。やろうと思った時にすぐとりかかる。そうすれば、うまくいくことがたくさんあります。伊達政宗は、戦のタイミングを逃さず、すぐに行動することで勝利を収めました。やろうという決断と迅速な行動の結果です。

　しかし、伊達政宗は何も考えずに行動を始めたのではありません。普段から兵馬を整え、訓練をし、いつでも勝てる状態を保っていたから、すぐに行動でき、勝利したのです。夏休みの宿題も、机の上が普段も乱雑なままだと、すぐにはとりかかれませんよね。優れた人物になるために、普段から、様々なことにすぐにとりかかりましょう。

解説　伊達政宗　　　　　（1567～1636／戦国時代の大名）
　7月の夏休み前。子どもたちは楽しみなことが満載で、優先順位はつけられない。だから、どれもすぐやる。それが自分の可能性を広げられるのだという気づきをもってほしいですね。

67

向上心

7月 現状維持では後退するばかりである
ディズニー
—向上心をもって毎日を過ごせるように—

そのまま話せる！

みんながよく知っている人の言葉を紹介します。「現状維持では後退するばかりである」
ちょっとわかりにくいですね。この言葉の前の言葉を聞くとわかるかもしれません。

「ディズニーランドはいつまでも未完成である」

ミッキーマウスの生みの親，ウォルト・ディズニーさんの言葉です。ディズニーランドがいつまでも世界中の人に大人気なのは現状維持ではないからです。「現状維持」難しい言葉ですね。みなさんは，「うさぎとかめ」の話を知っていますね。途中でうさぎさんが寝てしまいますが，あれが現状維持です。一歩もゴールに近づいていません。それに対してかめさんは少しずつゴールに近づきました。人間で言えば成長です。みなさんは成長のど真ん中にいます。周りはどんどん変化していきます。現状維持は後退することを意味します。是非，一日一歩でもいいので何かしら成長していく，そんな一日にしていきましょう。

解説 ウォルト・ディズニー（1901～1966／米国のアニメーター）
人は安定を望むものです。ですから，ついつい現状に不満がないと，それが続くことを望みます。しかし，現状維持は成長する人間にとって，維持ではなく後退を意味します。教師もこの言葉をかみしめたいですね

諦めない心

人生における失敗者の多くは，成功の直前でありながらそれに気づかず諦めてしまった人たちである
エジソン

―もうひと頑張りしてもらいたい人たちへ―

そのまま話せる！

　算数の授業の中で，解いたことがない問題や目新しい問題が出た時に「わからない」「こんなの習ってない」とつぶやき，考えることをやめたり，諦めたりしてしまうことはありませんか。全くできていないのではなく，あと一歩で解くことができるところで，諦めてしまっていることが多くないですか。

　算数の問題だけではありません。これらの言葉をよく使っている人は，様々な場面でも，諦めの言葉を言っていないでしょうか。見ていてとても歯がゆい時です。あともう一息で解決できるのに，もう少しでゴールが見えてくるのに，どうして気づいてくれないのかなと。

　「もうだめだ」「もういいや」と思ったところから，あと一歩踏み出してみましょう。自分の力で成功をつかみとるために。すこしの踏ん張りがあなたをゴールに導いてくれます。少しの頑張りがあなたを強くしてくれます。

解説 トーマス・エジソン　　　（1847～1931／米国の発明家）
　もうひと頑張りでできるというのは，跳び箱でも，縄跳びでも同じことが言えます。できてしまえば，失敗と成功は，紙一重ということがよくあります。もうひと頑張りをしてもらうための魔法の言葉にしてもらいたいですね。

何かに打ち込む

7月

興味があるからやるというよりは，やるから興味ができる場合がどうも多いようである
寺田寅彦

—これから夏休みを迎える子どもに—

そのまま話せる！

明日から夏休み！ 頑張りたいことってありますか？ 考えているうちに面倒くさいと思ってしまって，結局は何もできなかったということはよくあることです。

「興味があるからやるというよりは，やるから興味ができる場合がどうも多いようである」物理学，文学など多岐に渡って，研究・活躍された寺田寅彦という方の言葉です。

サッカーにピアノ，○○研究など頑張りたいことがあると答えた子。興味をもったきっかけは何でしたか？ お兄ちゃんの習い事について行って，自宅にあったピアノを弾いてみたら……など，興味があったから始めたのではなく，やってみたら面白かった，だから次も頑張ろうと思った子がほとんどではないでしょうか。夏休みを充実したものにするために，興味あるものにとことん取り組んでみましょう。まだ興味のあるものがなければ，いろいろなことにチャレンジしてみる夏にしてみましょう。あなたの一生の興味となる出会いが待っているかもしれませんよ。

解説 寺田寅彦　　　　　　　　　　（1878〜1935／物理学者）

長い夏休み。趣味や興味のない子どもにとっては暇で，退屈な休みとなってしまいます。実行から生まれる興味や趣味があることを伝え，受動的ではなく，主体的に過ごす夏休みを過ごしてもらいたいものです。

しめくくり

今は終わりではない。これは終わりの始まりですらない。しかしあるいは，始まりの終わりかもしれない
チャーチル

―成績のことで落ち込んだ子どもへ―

そのまま話せる！

成績表を返しました。「やったー！」「上がった！」等の歓声が聞こえてきました。喜びの声あれば，落胆の声も。「最悪」「もう終わった」という声は聞いていて，あまり気持ちのよいものではありません。ところで，成績が下がったら，悪かったら本当に「終わり」なのでしょうか。

イギリスの政治家チャーチルはおもしろい言葉を残しています。「今は終わりではない。これは終わりの始まりですらない。しかしあるいは，始まりの終わりかもしれない」と。

"人生"を長い１本の道に見立てた時，"今"は点で表されます。この点は２つの見方をすることができます。１つはこれまで歩んできた道の終着点，もう１つは先々まで続く道の始発点だと。

話を戻します。成績表をもらった"今"を「自分の終着点」と思うか，「自分の始発点」と思うのかはあなた次第です。こう話している間にもう新しい"今"は始まっています。"今"は前を向き，未来に向けて素晴らしいスタートダッシュを決めてみませんか。

解説 ウィンストン・チャーチル（1874～1965／英国の政治家）
下がった成績を見て，落ち込むのは仕方のないことです。大切なのは，その後です。子どもが今に明日に希望を抱くことができるような言葉を贈ることを心がけましょう。

規則正しい生活

医食同源
―食生活が乱れる時期に―

そのまま話せる！

　今日は「食育の日」です。自分たちの食生活を見直してみましょう。

　栄養のバランスのとれた食事をきちんと食べないと毎日を元気に過ごすことができません。食べ物には、すべて私たちの体のための栄養が含まれています。赤・黄・緑の「3つの食品グループ」があります。赤は、体の中で血や筋肉をつくる食べ物で、肉類、魚、たまご豆腐などがあります。黄はエネルギーのもとになる食べ物で、ご飯、パン、砂糖などがあります。緑→体の調子を整える食べ物で、野菜類、果物類、海藻類などがあります。

　中国のことわざで「医食同源」という言葉があります。命にとって医療と同じくらい食べることは大切であるという意味です。

　もうすぐ楽しみな夏休みがやってきますが、早寝早起きをしてしっかりと朝ごはんを食べることでより楽しい夏休みになります。始業式に元気なみんなと会えるのを楽しみにしています。

解説　中国のことわざ

　長期休みの時には、食生活や生活習慣が乱れがちです。毎月19日の「食育の日」を利用して、自分たちの命につながる「食べること」について考えさせていきたいですね。

視野を広げる，深める

井の中の蛙大海を知らず，されど空の青さを知る

荘子

―夏休みの心構えを伝えるために―

そのまま話せる！

7月第3月曜日は国民の祝日である「海の日」です。明治天皇が明治9年に東北地方を訪問された後，「明治丸」という船に乗り，7月20日横浜に帰ってこられたことに由来したものです。

海を扱った言葉に「井の中の蛙大海を知らず」という言葉があります。井戸の中で生きているカエルは，大きな海のことはわからないだろう。つまり，自分の殻に閉じこもり，視野が狭く，周りのことには目もくれないといったマイナスのイメージで用いられることが多い言葉です。しかし，この言葉には続きがあります。「……されど空の青さを知る」この続きは何を意味しているのでしょう。

カエルは狭い井戸で広い世界のことはわかりませんでした。だけど，毎日空を見ていたため，空のことは誰よりも知っていたということではないでしょうか。最後まで読むとマイナスのイメージばかりではないですね。

この夏休み，広い視野でいろいろなことを目にして，経験してください。それと同時に，1つのことをじっくり考え，追求することもできるチャンスになるといいですね。

解説 荘子 （紀元前369頃〜286頃／中国の思想家）

世間知らずやお山の大将の人に向かってマイナスの言葉で扱われます。後半の部分は，荘子の言葉ではなく，後に日本人がつけたと言われています。広い視野，深い知識。どちらも必要ですね。

夏休みの過ごし方

習うより慣れよ
―夏休み前の子どもたちに―

そのまま話せる！

　これから40日余りの夏休みに入ります。どんな夏休みを過ごしたいですか？　夏休みが終わったあとどんな自分になっていたいですか？

　日本のことわざに「習うより慣れよ」という言葉があります。意味は，「教えてもらうより，何度も練習をして慣れるほうが大切だ」ということです。4月から一生懸命に授業を聞き，学ぶことに一途に頑張ってきたみなさんは，確かに力をつけてきました。しかし，その力をもっと伸ばすには，このことわざのように「慣れる」ことが必要です。

　プロの野球選手は，試合でヒットを打つために何万回も素振りをします。武道館でライブをするあるダンサーは，毎日公園で練習をしていたそうです。繰り返しの努力なくして，成功や成長もありません。

　「慣れる」までたどり着くには時間が必要です。なりたい自分に向かうための努力を，時間の余裕のあるこの夏休みに続けてくださいね。

解説　ことわざ

　夏休みは，子どもたちにとって楽しく，わくわくするものでしょう。しかし，計画や目標を立てずにだらだら過ごしてしまっては，頑張った1学期が無駄になってしまうような2学期のスタートになることも少なくありません。先生からの期待，自分自身への期待を子どもたちが感じ，充実した夏休みを過ごしてほしいですね。

夏休みの過ごし方

運動して体力がつくように，熟考すると精神力が高まる
レヴィス

―夏休みを迎えるみなさんへ―

そのまま話せる！

　さぁ，明日からみなさんが楽しみにしている夏休みが始まりますね。長い夏休みの間，お家の中で過ごす時間も多くなってきます。学校生活でできていたじっくり考えて物事を進めることが減ってしまうかもしれません。お家でも，しっかり考えるということを意識して過ごしてほしいと思います。

　むかし，ガストン・ド・レヴィスというフランスの軍人は次のように言いました。「運動して体力がつくように，熟考すると精神力が高まる」と。外で遊んだり，何かスポーツをすることで体力がついて，疲れにくくなったり体が強くなるというのはよくわかりますね。じっくり考えることで，学習に役立つ思考力がつくことも想像しやすいでしょう。しかし，これは思考力がつくだけではなく，何かを頑張ろうとする時に必要な精神力もつくのです。精神力をつけることで，運動の時につらくてももう少し頑張れるようになり，また学習でわかりにくい時にも，投げ出さずしっかり取り組めるようになりますよ。

　少し，ゆったりと時間が流れる夏休みだからこそ，熟考する時間を意識的にとっていきましょうね。

解説 ガストン・ド・レヴィス（1719〜1787／フランスの軍人）
　夏休みの課題などを早く終わらせることに価値をもたせるのではなく，じっくり取り組む大切さに気づかせてあげましょう。

8月

1学期の振り返り

昨日から学び，今日を生き，明日へ期待しよう

アインシュタイン

―通知表や懇談の内容を生かすために―

そのまま話せる！

1学期の最後に通知表をもらいましたね。個人懇談でおうちの方ともお話ししました。頑張ったことや，ここを頑張ればもっと伸びるよという話を聞いた時に，みなさんはどのように考えますか。

過去を振り返って，反省するだけで終わってはいけませんね。「○○ができなかった。△△が苦手でしようとしなかった」というように考えたけれども，そのあと，何もしないのでは，過去を振り返る意味はありません。過去のがんばり，今現在の努力，未来の姿，これらが1つにつながることこそが大切なのです。

通知表をもらった今，1学期の学習や生活に対する姿勢をまずは振り返ってみましょう。振り返ったことをもとに，夏休みに何をしようとしているのかをしっかり計画しましょう。そして，その努力が正しい方向への努力になっているかチェックしましょう。人は，今を懸命に生きる傾向にあります。間違った努力をしないためにも，未来の姿を想像し，そうなりたいと期待して，今を生きていきましょう。

解説 アルベルト・アインシュタイン（1879～1955／ドイツの物理学者）

人によって，過去を反省するタイプ，未来ばかり考えるタイプ，現在を生きるタイプ，いろいろです。どれも認めてあげて，「あなたは○○のことを考えるといいかもね」とアドバイスしてあげることで，信頼関係を深めることができます。

夏休みの宿題

大変な仕事でも，まず取りかかってみなさい。仕事を手につけた，それで半分の仕事は終わってしまったのです
アウソニウス

―計画通りに進んでいない子どもに―

そのまま話せる！

夏休みは始まっていますが，宿題や目標に向けての行動は順調に進んでいますか。計画通りに進んでいる人はその調子で残りの夏休みも頑張っていきましょう。まだ始めていない人のためにこの言葉を送ります。「大変な仕事でも，まず取りかかってみなさい。仕事に手をつけた，それで半分の仕事は終わってしまったのです」

これはアウソニウスの言葉です。みなさんだったら「仕事」のところを「宿題」に変えてみてください。今から約1600年前の人の言葉とは思えません。仕事の内容は違うにしても，昔も「しなければいけないとわかっていてもなかなか始められない人」がいたのかもしれませんね。

夏休みは，まだ続きます。今からでも遅くはありません。今日からとりかかってみましょう。とりかかったら半分終わったも同然です。2学期の始業式の日には，「あの日にとりかかってよかった」と思っていることでしょう。楽しみにしています。

解説　デキムス・マグヌス・アウソニウス
（310〜393頃／帝政ローマ末期の著述家）

長期休みに入ると，計画的に宿題が進まない子どももいることでしょう。先人も同じ気持ちの人がいたと励ましの気持ちを込めて伝えるといいですね。

安全指導

飛んで火に入る夏の虫
―夏休みを安全に過ごすために―

そのまま話せる！

　夜になると明るい電灯などにたくさんの虫が集まっているのを見たことがありますか。これは，光の刺激に反応して近寄っていく「走光性」という昆虫の本能からくる行動です。もしその光が火であった場合，残念ながら飛び込んだ先で，虫たちは焼け死んでしまいます。この習性を利用して虫を駆除するための道具も多く作られています。

　この様子から「飛んで火に入る夏の虫」という言葉があります。さぁ，夏休みです。楽しいことがたくさん待っています。だけど，その楽しいことはひょっとしたら「火」かもしれません。「これぐらいならいいか」「友達に誘われたからちょっとぐらいならいいかな」そんな気持ちで，「火」に近づいてみたら危険なことに巻き込まれるかもしれません。大きな事故にあうかもしれません。

　夏休み，普段できない経験をたくさんしてほしいと思います。だけど，その前にちょっと立ち止まって，自分の頭でしっかり考えて行動しましょう。

解説　中国の故事

　長期休みは子どもたちにとって，危険なことも待っています。大きな事件，事故に巻き込まれることなく，楽しい休みを過ごしてほしいものです。ゆるみがちな気持ちを引き締める言葉をかけて送り出しましょう。

自由

遂不留江南野水　高飛天地一閑鴎
<small>ついにこうなんののすいにとどまらず　たかくとぶてんちいっかんおう</small>

塙団右衛門

―自信をもって，可能性を広げる―

そのまま話せる！

「遂に江南の野水に留まらず，高く飛ぶ天地一閑鴎」戦国時代の武将，塙団右衛門（塙直之）は，出奔する際にこの漢詩を残していきました。「小さな水たまりにいつまでも留まることなく，優れたカモメは天高く飛んでいくことよ」という意味です。

自分自身のことを「何も変わらない」「いつまでもこのままだ」と思っていませんか。それは，今自分がいる環境や過ごし方を当たり前だと思い，それに自分自身が甘えているからです。

「なぜ，自分はここにいるのだろう」「自分はこれからどうすればいいのだろう」と自問自答してみてください。すると，必ず，今のままでは物足らないと思えるようになるはずです。今の自分を取り巻く環境がちっぽけな水たまりに見えてくるはずです。

自分のための時間を大切にしましょう。普段の自分の居場所からカモメのように飛び立ち，普段できないことをたくさんしていき，自分の可能性を広げていきましょう。

解説　塙団右衛門（塙直之）　　（1567～1615／戦国時代の武将）
　8月。2学期の準備の時間。教育の再生産構造の中で小さな枠組みに子どもを収めてしまう教育ではなく，子どもが主体的に自己を高めることのできる態度を育てていきたいものです。

夏休みの生活

8月 強者に同調するのは決して安全じゃない
ファエドルス

―夏休みの生活を安全に過ごすために―

そのまま話せる！

　夏休み明けに，先生たちが一番望んでいることはいったい何でしょうか。それは，ここにいる人，誰一人，命にかかわるような大きなけが，病気にならず，元気な顔を見せてほしいということです。そのために大切なことをみなさんに伝えます。

　今から2000年以上前，ローマの寓話作家ファエドルスはこんな言葉を残しています。「強者に同調するのは決して安全じゃない」と。

　学校生活にかかわらず，自分の思いをはっきり主張せず，声の大きな人，力の強そうな人に同調することは，思わぬ危険に巻き込まれることがあります。そこで，みなさんに言えるようになってほしい言葉があります。それは「だめなものは，ダメ！」という言葉です。

　自分の信念を信じて，たとえ仲のよい友だちであっても「だめなものは，ダメ！」という言える勇気をもちましょう。これを守っていれば夏休み明け，みんな元気な顔を見せてくれるはずです。みなさんがひとまわり大きくなった姿を楽しみにしていますよ。

解説 ファエドルス　　（不詳（1世紀頃）／ローマの寓話作家）
　この言葉は，夏休み前だけではなく，友達関係で同調することで安心感を得ているような気がかりな高学年にも伝える機会があることでしょう。

努力

怠けていることは喜びかも知れないが重苦しい状態である
幸せになるためには何かをしていなくてはならない
ガンジー

―努力することを大切にできる子に―

そのまま話せる！

　家でやっている宿題。「何のためにあるのか」「何のためにやるのか」と考えたことはありますか？　何も考えずに「めんどくさい」「しんどいな」となっていませんか？

　ガンジーの言葉で、「怠けていることは喜びかも知れないが重苦しい状態である。幸せになるためには何かをしていなくてはならない」というものがあります。果たして自分はどちらの人間になっているでしょうか。

　努力する人は、その努力が自分の力になっていることを実感することができます。努力の結果、できることも増えていきます。自分の未来をどんどん切り拓いていくことは、自分の幸せをつくることにつながります。

　一方で、怠ける人はいつも「誰かのせい」にしてしまいます。自分の人生を自分で切り拓くことを知らないのでしょう。自分で楽しくない人生をつくってしまいます。

　さぁ、みなさんは怠ける人、努力する人、どちらの人間になりたいですか。毎日の宿題も、自分の人生を本当に幸せなものにするチャンスです。

解説 マハトマ・ガンジー　（1869～1948／インドの政治指導者）
　毎日の宿題、本当の意味で「自分のために」できている子は何人いるでしょうか。自分のために努力する力を育てていくきっかけとなる言葉です。

感情のコントロール

8月 力強いとは，相手を倒すことではない。怒って当然という時に，自制できる力を持っていること　　　ムハンマド

―心の強さを手に入れることができるように―

そのまま話せる！

　「力強い」って，どんな人のことを想像しますか？　ケンカが強い人のことでしょうか？　それとも，たくさんの荷物を持つことができる人のことでしょうか？　いろんな「力強い」を想像することができます。

　本当の力強さとはこういうものではないと思います。「力強いとは，相手を倒すことではない。怒って当然という時に，自制できる力を持っていること」という言葉があります。イスラム教の創始者ムハンマドの言葉です。一見，相手を倒すくらいの力を持つことを「力強い」と勘違いしてしまいますが，自分の心を自分でコントロールすることができることが本当の力強さだとムハンマドは言っています。簡単なようで，実はとても難しいことですね。

　人間には，自分の感情を決定する心があります。その心を育てていき，本当の力強さを手に入れていきたいものです。「怒って当然」という場面はこれからたくさん出てきます。そんな場面は自分を成長させるチャンスです。じっくりと自分の心と向き合ってみましょう。

解説　ムハンマド　　　　（570年頃〜632年／イスラム教の開祖）
　子どもたちは自分の感情の赴くままに行動しています。感情をコントロールする力を育てていくとトラブルも少なくなっていきます。ケンカを未然に防ぐきっかけづくりとなります。

平和

平和は力では保たれない。平和はただわかり合うことで達成できるのだ
アインシュタイン
―平和の大切さを感じさせたい時に―

そのまま話せる！

　8月6日，8月9日，8月15日……，みなさんは何を思い浮かべましたか。○○年前に，広島・長崎に原子爆弾が落とされた日。そして，日本の敗戦により長きにわたった戦争が終わった日です。この戦争により，たくさんの日本人が亡くなりました。世界中でもたくさんの人々の命が失われました。にもかかわらず，今も，戦争により命を落としてしまう人が大勢います。人の命を簡単に奪い去る戦争をこの世からなくすことは不可能なのでしょうか。

　「平和は力では保たれない。平和はただわかり合うことで，達成できるのだ」これは物理学者であるアインシュタインの言葉です。力，つまり武力やお金などで，相手を抑え込んだり，黙らせたりすることで，一時的には平和になるかもしれません。しかし，ずっとそれが続くことはないでしょう。恨みや妬みはずっと残るからです。

　この教室の平和も力ではなく，わかり合うことで築いてみましょう。そして大人になった時に，戦争がなくなる世の中を築いていける人になってくれることを願っています。

解説 アルベルト・アインシュタイン（1879～1955／ドイツの物理学者）
　戦争の火種が消えることのない世界。終戦を迎えるこの月に，平和を築くためにはなにが必要か，登校日などを利用して，未来をつくっていく子どもたちと考える機会をもちたいものです。

日々の生活

8月

歩歩是道場
―日々の生活の大切さ―

そのまま話せる！

みなさん、充実した夏休みを過ごしていますか。そして、夏休みの間にも成長していますか。クラブの試合で成長した、キャンプに行って成長したなど、いろんな成長の場があるかもしれません。

ただ、先生は全員に夏休みの間にもしっかり成長してほしいので、どこかに行かなくても成長できる、とっても厳しい道場を紹介したいと思います。「歩歩是道場」です。

「歩歩」というのは「一歩一歩」という意味なので、普段の生活です。つまり、みなさんの普段の生活が道場です。朝、決まった時間に起きていますか。しっかりと勉強もしていますか。普段の生活の中で、やるべきことをしっかりやること、実は難しいですね。なんだかんだと理由をつけて、やるべきことをやらず、やりたいことだけをしようとします。自分に負けてしまうのですね。特に、お家にいる時は負けやすいです。だからこそ、普段の生活という道場の中で、弱い自分に勝つために修行してくださいね。

解説　「禅林類聚」の中にある禅語

私たちは何かする時に、特別なことをすると達成感があります。しかし、実際に大事なのは普段の生活の中でやるべきことを継続してやり続けることです。日々の生活こそ大切な成長の場ですね。

何かに打ち込む

声無きに聴き，形無きに視る
―物事の本質を見抜こう―

そのまま話せる！

しっかりと観察せずに，表面だけの情報や人から聞いたことだけで，これはこういうものだと思い込み，物事を判断したりしていませんか。

「声無きに聴き，形無きに視る」この言葉は，「声がない物や形がない物といったものの中に，重要なものが隠されていることがあり，その隠されたものをしっかりと見抜いたり，見定めたりすることができるように，感性を研ぎ澄ませておこう」という意味です。

人間は，聞こえる声や目に見える形などの表面的なものから，物事の全体像を想像し，判断することが多いです。しかし，思い込んだ全体像とその内側とが，実は少し違っていることがよくあります。全体像をとらえるためには，表面の情報だけでなく，内側もしっかりと見ておかなければいけません。内側を視ようすることは，その物事の本質（大切な部分）を見抜くことです。

近くにいる仲間のこと，目の前で起きている出来事など本質を見抜ける目を育てていきましょう。

解説 『礼記』（中国の昔の書物）の一説

本質を見抜くためには，五感の全てを使って，視なければいけません。それに加え，もう1つ，心で感じる必要もあります。心で感じることができるように日々感性を研ぎすませておきましょう。

友だち

どんな長所をもった人物も，世間の支持がなければ，石ころだらけの道を歩まねばならない
グラシアン

―クラスの仲間にどう思われているかな？―

　先生は1学期の間に，みなさんのいいところをたくさん見つけてきました。○○さんは，誰かが困っていたら，自分のことをやめてでも助けに行く優しさがありますね（学級の実際を語ります）。

　「どんな長所をもった人物も，世間の支持がなければ，石ころだらけの道を歩まねばならない」という言葉があります。この言葉でいう"世間"とは学級のことですね。つまり，みんなのもっているいいところは，人のためにならないものだとつらい道を歩まなくてはいけないということです。それぞれのいいところは，学級の友だちのために生かしてこそ，みんなの支持につながります。それは，あなた自身の幸せにもつながります。

　先生も見つけた一人ひとりの優しさ，誠実さ，おおらかさなどいいところは，どんどん学級のみんなに知ってもらいましょう。また知ってもらう努力もしましょう。お互いがお互いのよさに気づき合える，そんな幸せな道を歩んでいきましょう。

解説 バルタサール・グラシアン（1601～1658／スペインの哲学者）

　自分の長所は，仲のよい友だち同士だけでわかり合うのではなく，広く知ってもらうことで，信頼を獲得できるものです。よさを出し合える，よさを認め合える学級にしていきたいですね。

夏休み明け

おもしろき 事もなき世を おもしろく
高杉晋作

—夏休み明けの子どもたちに—

そのまま話せる！

　夏休みが終わりました。夏休みには、「海へ行った」「遊園地に行った」……など、イベントがあって楽しかった人も多いかもしれませんね。「もうちょっと夏休みが長ければよかったな」との声も聞こえてきます。さぁ、今日から新学期が始まります。どんなことを楽しんでいきますか。

　「おもしろき 事もなき世を おもしろく」という言葉があります。幕末に活躍した高杉晋作の言葉で、先生が日々大事にしているものです。みなさんは、この言葉からどんなことを考えましたか。世の中、おもしろいこと、楽しいことばかりが転がっているわけではありません。大きなイベント事があるから「楽しい」のではなく、自分次第で楽しくしていくことができます。

　2学期をおもしろくするのも心一つです。そして、みんなには仲間がいます。「学校を、学級をおもしろく！」はあなたたちの手にかかっているのですよ。さぁ、2学期を一緒におもしろくしましょう。

解説 高杉晋作　　　　　（1839～1867／江戸時代の長州藩士）
　夏休み明け、どうしても楽しかったこととのギャップでダラダラしてしまう子がいます。夏休みとは違った楽しさを学校でつくっていく意識がもてれば、学校での過ごし方も変わります。

2学期発見の旅

発見の旅とは，新しい景色を探すことではない。新しい目をもつことだ
プルースト

—新しいスタートを切る子どもたちに—

そのまま話せる！

2学期は楽しい行事がたくさんあります。運動会に遠足，音楽会……どんなものやどんな出来事に出会い，どのように感じるのでしょうか。

フランスの小説家でマルセル・プルーストという人物がいました。その人は，「発見の旅とは，新しい景色を探すことではない。新しい目をもつことだ」と言いました。学校行事は，毎年経験するものも多くあります。しかし，それらがもたらす出会いや感情は毎年同じでしょうか。今までの経験は生かされているのでしょうか。今までうまくいかなかったことや，困ったこと，反対にうまくいったことや，やってみたい，試してみたいと思ったことを出し合って，新しい目で2学期の旅をスタートしてほしいと思います。

○年生の旅が終わる頃には，一人ひとりがどれだけの目をもっているでしょうか。きっといろいろな出来事や出会いをもっと豊かに感じられるみなさんになっていることと思います。

> **解説** マルセル・プルースト（1871〜1922／フランスの小説家）
> 毎年経験する行事に新しさや発見を見出す時，場所が違う，やることが違う，メンバーが違うというだけで，それが成長だと感じてしまう教師や子どもがいます。本当にそうでしょうか。これまでの経験を振り返り，よりよい日々にするために一人ひとりができることを考えることが個人の成長，学級の成長につながるのではないでしょうか。

食生活

食べるために生きるな。生きるために食べよ
―給食の残食の量が増えてきた時に―

そのまま話せる！

　最近，給食の残食が増えてきています。「野菜はおいしくない」「何で野菜を食べないといけないの？」との声が聞こえてきます。今日は，8月31日。何の日か知っている人はいますか。

　実は，「8（や）3（さ）1（い）」の日なのです。「もっと野菜のことを知ってほしい」「もっと野菜をたくさん食べてほしい」という願いから制定されたそうです。

　野菜には，多くの栄養素が含まれているので，みんなのお肌をきれいにしたり，目や脳の働き，骨を作るのを助けたりする力があります。ほかにも，脂質が少なくて，血液をきれいに保ってくれる力もあります。野菜を食べることで，病気になりにくい体を作ってくれるのです。

　「食べるために生きるな。生きるために食べよ」というイギリスのことわざがあります。野菜が嫌い，美味しくないと言う子もいますが，生きることは食べることです。野菜は，みんなの元気と健康を守ってくれるスーパーヒーローなのです。今日から苦手な野菜にも挑戦してみませんか。

解説　イギリスのことわざ

　給食で野菜のおかずが出された時は，残食の量が大きく増えます。野菜を食べるといいことがあることを伝え，少しでも食べてみようと思えるような時間にしたいですね。

防災の日

天災は忘れた頃にやってくる
寺田寅彦

―防災の日に伝えたいこと―

今日9月1日は何の日でしょうか。そう，防災の日です。1923年9月1日に関東大震災が起こりました。それに由来しています。またこの時期は台風の襲来が多いとされる二百十日にあたるので1960年に9月1日が防災の日と制定されました。

「天災は忘れた頃にやってくる」という言葉を知っていますか。これは「天災（地震・台風・雷・洪水などの自然現象によってもたらされる災害）はその恐ろしさを忘れた頃にまた起こるものであるから用心を怠らないこと，油断は禁物」という意味です。

人は天災が起こった直後は「もし次起こったら，このように行動しよう」と考えられるものですが，月日が流れるとその気持ちは薄れていきます。みなさんが生きている間にこの地域でも天災が起こるかもしれません。決して人ごととは思わず，もし今起きたらどう行動したらよいのかを常に考えておきたいですね。そのために今日は全校で避難訓練を行います。真剣に行うことが自分を守る第一歩です。

解説 寺田寅彦　　　　　　　　　（1878〜1935／物理学者）
世界各国で想定外の天災が起こっています。子どもたちが自分の判断で行動しなければならない場面に直面することもあるでしょう。子どもも教師も命を守る方法を普段から考えておきましょう。

休み明け

私は耳がよく聞こえない。でも，そのために不利になったことはない。むしろその雑音が聞こえなくなって集中力が増してよかった　エジソン

―長期休み明け。気分が憂鬱な子どもたちに―

そのまま話せる！

　みなさん元気がありませんね。無理もありません。昨日までは好きな時間に起きることができ，ゲームや読書など好きなことばかりをして過ごすことができたのですから。

　発明王として有名なエジソンはこんな言葉を残しています。「私は耳がよく聞こえない。でも，そのために不利になったことはない。むしろその雑音が聞こえなくなって集中力が増してよかった」と。

　今日から学校か……って。先生も実は同じ気持ちでした。でもね，朝から「先生おはよう！　元気だった？」と気遣ってくれたり，「先生，夏休み中にこんなことがあったんだけど……」と相談されたりして，みんなと過ごすことの幸せをたくさん感じることができました。1人で好き勝手に過ごすのも気楽で幸せだけど，こうしてたくさんの人と過ごすからこそ味わえる幸せだってあります。与えられた環境を価値あるものにできるかどうかはみんなの気持ち1つ。さぁ，新学期，人と過ごす中でしか味わえない幸せを味わってみませんか？

解説　トーマス・エジソン　　　（1847〜1931／米国の発明家）
　休み明けは誰だって憂鬱です。過ごした1日の中で見つけた幸せや楽しさを語り，共有することで心を解きほぐし，明るく前向きな気持ちで2学期をスタートさせてみませんか。

新学期

楽しんでやる苦労は，苦痛を癒やすものだ
シェイクスピア

―夏休み明け，頑張っていくために―

そのまま話せる！

夏休みが明けて3日が経ちました。事あるごとに「しんどいなぁ」「大変だな」という声が聞こえてきます。家でのんびり過ごしていた時に比べて，学校ではやることも多いです。物事がうまくいくように頑張ることは大変なことですね。ただ，目の前に現れる「苦労」に，「しんどいなぁ」「大変だな」と思うだけでは全然楽しくありません。

「楽しんでやる苦労は，苦痛を癒やすものだ」という言葉があります。「ロミオとジュリエット」など，数多くの最高傑作を世に残したシェイクスピアの言葉です。

しんどいことをただ「しんどいなぁ」と思いながら過ごしていると，ずっと「しんどい」ままです。苦労を苦労で終わらせず，苦労したことによって成長した自分を見つけましょう。ちょっとした成長を自分で見つけていくことができると，苦労もどんどん楽しみに変わります。

運動会，遠足などたくさんの行事がある2学期，仲間とともに苦労も楽しんでいきましょう。

解説　ウィリアム・シェイクスピア(1564～1616／イギリスの劇作家)

学校だけでなく，世の中では苦労することが多くあります。こうした苦労に対して，ただ耐えるだけではしんどくなります。休み明け，こうした言葉で苦労を楽しむイメージをつくっていければいいなと思います。

目標に向かって

あなたが出会う最悪の敵は、いつもあなた自身であるだろう
ニーチェ

―自分に負けないように！―

そのまま話せる！

　自分から進んで宿題をしていますか？「ゲームをした後にしよう」とか「ご飯の後にしよう」とか思い、宿題を後回しにしていませんか？　最後には、お家の人に「早くしなさい！」と叱られ、いやいや宿題をしている子はいませんか？

　「あなたが出会う最悪の敵は、いつもあなた自身であるだろう」というニーチェの言葉があります。宿題のことに限らず、例えば体育でマラソンをしている時に疲れてきたから「歩こう」と思い歩くのか、疲れてきたけどもう少しだけは走ろうと頑張るかは結局自分の意思です。他人が「歩いた方がいいよ」と言ったとしても、最後に判断するのは自分自身です。あなたが何かをしようしている時の一番の敵は途中で諦めてしまう自分の意思なのです。

　「どうでもいいや〜」と自分と向き合い、戦うことをやめた時、あなたは本当に負けてしまいます。あなたのことを一番よくわかっている自分。「自分頑張れ！」と応援してくれる一番の味方にしたいですね。

解説 フリードリヒ・ニーチェ（1844〜1900／ドイツの哲学者）
　自分の意思が弱い子は必ずいます。発達段階を考えると、仕方がないのかもしれません。しかし2学期はたくさんの行事があります。いつかは強い意思をもってもらいたいものです。自分に負けるなと激励のメッセージを送りましょう。

93

主人公

随所に主となれば立処皆真なり
―誰もが主人公―

そのまま話せる！

いよいよ2学期のスタート。2学期はいろいろな行事があります。その行事の主人公は誰だと思いますか？ それは、みなさんです。「えぇ、私は主人公ではない」と思う人もいるかもしれません。

中国のお坊さんの言葉に次のようなものがあります。

「随所に主となる」（どんなところでも主人公になる）

運動会は得意だけど、音楽会は苦手。だから、運動会で頑張ろうでは、随所に主となっていません。運動会や音楽会という行事で自分が左右されているからです。

どんな行事でも行事の内容に関係なく自分のできることを精一杯にやる人は、行事に左右されていません。いつでも自分の意志で行動を決めています。このような人が主人公です。主人公は誰かが決めるのではありませんし、最も目立つ人が主人公でもありません。だから、だれもが主人公になれるのですよ。

解説　『臨済録』の中にある禅語

「主人公」も禅語です。今では「主役」のように使われていますが、本来は「本当の自分」を意味します。得意不得意や好き嫌いではなく、その場その場で自分ができることを精一杯に尽くしている時が、まさに主人公です。

敬老の日

ヌチドゥタカラ
―敬老の日に大切にしたいこと―

そのまま話せる！

　今日は「敬老の日」です。何をする日かわかりますか。長年にわたり，社会につくしてきた年長者を敬愛（相手に尊敬と親しみの気持ちをもつこと）し，長寿をお祝いする日です。それとともに，おじいちゃん・おばあちゃんとのつながりや，家族を大切に思う気持ちを伝える日です。

　沖縄県には，「ヌチドゥタカラ（命こそ宝）」という言葉があります。自分の年を10代遡ると約2000人の祖先，20代遡ると約200万人の祖先，30代遡ると約20億人の祖先，40代遡ると約2兆人の祖先……その昔もずっと「命」はつながっています。みんなのおじいちゃん・おばあちゃんがいなければ，みんなのお父さん・お母さんはいません。みんなのお父さん・お母さんがいなければ「あなた」も生まれていません。今，ここに「命」があること，これこそが奇跡なのです。そしてみんなは世界中でたった1人のかけがえのない存在です。

　「命」のつながりを知り，おじいちゃん・おばあちゃんや家族へ感謝の気持ちを伝えてみませんか。

解説 沖縄県の方言
　長寿を祝うとともに，自分たちの命のつながりを感じ，祖父母や家族に感謝の気持ちを伝える機会にしたいものです。

友だち

弱い者ほど相手を許すことができない 許すということは，強さの証だ
ガンジー

―相手を許すことができない子どもたちへ―

そのまま話せる！

「あの子が前に嫌がらせをした。絶対に許せない」「あいつのあの言葉は，絶対に許せない」こんな気持ちになったことはありませんか。また，こんなことを言っている友だちが周りにいませんか。そんな気持ちになるくらい，友だちの一言や言動から心に大きな傷を負い，辛い経験をしたのでしょう。

インドの独立の父と言われたガンジーの言葉に「弱い者ほど相手を許すことができない。許すということは，強さの証だ」というものがあります。ガンジーは，どんな相手に対しても，非暴力を貫き，民衆を動かし，インドの独立を勝ち取りました。この言葉が，ガンジーの根底にあったそうです。許すことは，簡単にはできることではありません。しかし，相手のことを悪く思い続けることで，様々なことに対して，前向きに受け止めることができなかったり，気分が晴れなくなったりします。少し頑張って，相手を許してあげませんか。そうすることで，人としての強さと人に対する優しさが芽生えていきますよ。さぁ，相手ではなく，自分から変わっていきましょう。

解説　マハトマ・ガンジー　(1869〜1948／インドの政治指導者)

相手のことばかり言って，なかなか前向きになれない子どもに，寄り添い支えながら，相手に求めるのではなく，自分から変わってみようと声をかけたい言葉です。

思いやり

情けは人の為ならず
―子どもたちの関係がギクシャクしてきた時に―

そのまま話せる！

「情けは人の為ならず」ということわざがあります。次の２つのうちどちらの意味でしょうか。

①情けをかけておくと，巡り巡って自分のためになる
②情けをかけると，その人の為にならない

まったく反対の意味ですね。①だと，「情けはかけましょう」ということになります。②だと，「情けをかけるのはやめましょう」ということになります。大人を対象にしたある調査でも，およそ半分に答えが分かれるそうです。

情けとは言い換えると，人に親切にするということです。となると正解はわかりますね。そう，①です。親切にしていると，親切にした相手が，あなたにお返しをしてくれるということもあるでしょう。しかし，それだけではありません。人に親切にすると，きっと誰かが見ています。そして，そんなあなたが困っている時には，誰かが助けてくれます。人に親切にするということは，自分が誰かから親切にしてもらえる準備をしているということではでしょうか。

解説 ことわざ

　夏休み明け，さらには運動会の練習の時期などと重なり，子ども同士の関係もギクシャクしがちです。自分に余裕がないと周囲の人にも優しくできません。人を助けることを自分の喜びと思える学級づくりを目指して，２学期のスタートを切りましょう！

いろいろな経験

賢いカラスは黒く化粧する

島崎藤村

―欠点に向き合おう―

そのまま話せる！

　見た目，能力，性格は人それぞれ違います。先生は全く同じ見た目，能力，性格の人に出会ったことはありません。

　先生は小さい時，あまり自分のことが好きではありませんでした。くせ毛だったり，心配性だったりと自分の欠点ばかり気にしていました。そんな時「かしこいカラスは黒く化粧する」という作家島崎藤村の言葉に出会いました。

　カラスは白鳥になることはできません。白鳥になろうと思って，白く化粧をしたとしても，隠しきれるわけでもなく，かえっておかしくなるだけです。だから賢いカラスは，自分の特徴である黒い体を美しく黒く化粧し，自分をよりよく見せようとします。つまり，この言葉の意味は，自分をよく知れということです。人間は誰しも，よいところもあれば欠点もあります。その欠点を隠したところで欠点が消えたわけではありません。だから，よくはなりません。今自分が欠点だと思っていることについても，しっかり向き合ってみましょう。欠点がより輝く自分の武器になる可能性があります。

> **解説** 島崎藤村　　　　　　　　　　（1872～1943／詩人）
> 　高学年になると，自分の欠点ばかりを気にしてしまう子がいます。そんな子にエールを送るために自分の体験談も交えながら話したいものです。

敬う心

我以外皆我師
（われ い がい みな わが し）

吉川英治

―敬う心を育む―

そのまま話せる！

運動会の練習。みんなよく頑張っています。中には，放課後まで残って練習する姿も。どうしてそこまで頑張るの？の問いに，「自分の失敗でみんなの努力を無駄にしたくはないから……」。先生はその子のことをただただ尊敬の眼差しで見つめていました。

「新平家物語」の著者，吉川英治さんは次のような言葉を残しています。「我以外皆我師」と。自分以外の人でも，物でも，自分に何かを教えてくれる存在は皆，先生だという意味です。

何かを気づかせてくれる人，教えてくれる人は先生にとっての師です。放課後まで残って，人のために努力をする子。「努力」と「協力」を先生に教えてくれる師です。毎朝大きく元気な声で「おはようございます！」と言ってくれる子。先生に「礼儀の大切さ」を教えてくれる師です。

年齢が同じでも下でも尊敬できる人は皆，先生にとっての師です。そう考えると師に年齢なんて関係ありませんね。

解説 吉川英治　　　　　　　　　（1892～1962／作家）
物の上達には，その分野における憧れの人，尊敬できる人をつくることが大切です。人の悪しきところは放っていても見えますが，よきところは見ようと思わないと見えないものです。小学生の時から人のよきところを見つめる目を育みたいものです。

失敗を恐れない

9月 間違いを犯した事の無い人というのは，何も新しいことをしていない人のことだ
アインシュタイン

―失敗から学ぶことがある―

そのまま話せる！

　みなさん，失敗することや間違えることは恐いですか？　恥ずかしいですか？　実は，絶対に失敗をしない方法が1つあります。それは新しいことに挑戦しないということです。新しいことに挑戦しなければ，間違うことも失敗することもしませんよね。

　アインシュタインの言葉で「間違いを犯した事の無い人というのは，何も新しいことをしていない人のことだ」という言葉があります。「間違いをしない」「失敗しない」ことを気にしすぎて，何もチャレンジせずに日々を過ごしているのでは，成長や新しい発見をすることはできません。間違いや失敗をすることは，決して楽しいことではないかもしれません。ひょっとしたら，すごく悲しい思いをすることもあるかもしれません。でも，そこから成功へのヒントをつかみます。発見への糸口を見つけます。

　プロのスポーツ選手も音楽家も家族も先生も，一度も間違いや失敗をしたことのない人なんていません。間違い，失敗は子どもの特権！　どんどんチャレンジしていこう！

解説　アルベルト・アインシュタイン　（1879～1955／ドイツの物理学者）
　失敗を恐れずに挑戦はするけれど，同じような失敗をする子たちに向けてのメッセージ。失敗は成功のもとということわざもあります。失敗でくじけない子どもであってほしいですね。

頑張るぞ

「僕はずっと山に登りたいと思っている。…でも明日にしよう」おそらく彼は，永遠に登らないだろう
ナポレオン

―想いを実行に移すことができない子どもに―

そのまま話せる！

　まだ夏休み気分が抜けていない子がたくさんいるようです。宿題を忘れる子，給食セットを忘れる子，学校のルールを忘れた子……。人間は忘れる生き物です。忘れることは仕方のないことだと思います。

　フランスの皇帝ナポレオンは次のような言葉を残しています。「『僕はずっと山に登りたいと思っている。…でも明日にしよう』おそらく彼は，永遠に登らないだろう」と。

　何かを忘れてしまって，先生に叱られた後，みんなの言動には2つのパターンがあります。1つは，「すいません。明日やってきます」という明日に目を向ける子。もう1つは「すいません。今からやります」という今に目を向ける子。明日のあなたは今と同じやる気でいるでしょうか？　明日は誰にもわかりません。確かなのは反省している「今」，やる気になっている「今」です。

　願いをもった「今」，反省した「今」。その「今」に行動しましょう。動きましょう！　一番気持ちが熱い「今」に。

解説 ナポレオン・ボナパルト （1769～1821／フランスの皇帝）
　熱い想いがあっても，時間が経てば「面倒だな」「しんどいな」と気持ちが芽生え，いつの間にやら冷めていたということはよくあること。「今」に動き出すことができる子どもを育みたいものです。

9月 心機一転
―2学期，新たなスタートを！―

新たな気持ち

そのまま話せる！

　少し1学期のことを振り返ってみましょう。プラスなこと，マイナスなことのどちらが多かったでしょうか。1学期に先生に叱られたことがある子もいることでしょう。できないことがあって，落ち込んだことがある子もいることでしょう。

　「心機一転」ということわざがあります。「心機」とは心の働き・心のはずみ・気持ちのことを表しています。「一転」はまったく変わる，がらりと変わることを表しています。1学期マイナスなことの方が多かったという人は，引きずらないで，気持ちをがらりと変えて，新たなスタートを切りましょう。実はこの「心機一転」が使われている格言というのは数多くあります。車やバイクで有名なHONDAの創設者である本田宗一郎さんも使われています。その格言の中には，「マイナスなことはやり直せばよい。長い人生のことを考えると，マイナスなことのための1年や2年の遅れはそんなに気にするものではない」といったことも書かれています。いくらでもやり直すことができます。さぁ，心機一転頑張りましょう！

解説　ことわざ

　1学期のマイナスなことを引きずったままスタートするのではなく，学期も変わったことでプラスなことはそのままで，新たなスタートを切らせたいものです。3学期の初日にも使える話です。

仲直り

心は，天国を作り出すことも，地獄を作り出すこともできる
ミルトン

―仲間とケンカをしてしまった時―

そのまま話せる！

人それぞれ感じ方や考え方が違うのだからケンカになってしまうのは，当たり前のことです。

仲間とぶつかり合うと，自分の思いを伝え，仲間の思いを聞くことができます。ケンカはお互いのことをより深く知る機会になります。だからこそ，時にはケンカをすることも大切です。でも，もっと大切なことは何だと思いますか。それは仲直りです。一度気持ちがすれ違ってしまうと仲直りをすることは難しいですよね。例えば，お互いの思いを素直に伝えきれなかったり，言葉にできなかったりすることもあります。思っているだけでは，なかなか相手に気持ちを伝えるのは難しいです。だからこそ，自分の思いを言葉にすることが大切です。「心は，天国を作り出すことも，地獄を作り出すこともできる」という言葉があります。みんなの言葉1つで相手の心を天国にすることも地獄にすることもできるのです。相手の心を「天国」にするためにどんな言葉が必要ですか。今，思い浮かんだその言葉を素直に伝えてみましょう。

解説 ジョン・ミルトン　（1608〜1674／イギリスの詩人）
ケンカをしても自分の気持ちを表現することが苦手な子どもたちがたくさんいますよね。勇気をもって言葉にしてみることで仲直りができることがあります。背中を押してあげられるような言葉をかけてあげたいです。

ポジティブシンキング

次勝てばよし

後藤又兵衛

—ポジティブシンキング—

そのまま話せる！

戦国時代の武将，後藤又兵衛基次は，一揆を抑えに出陣したものの，負けてしまいます。大将にきつく責められますが，又兵衛はこう言い放ちます。「一度負けたくらいでくよくよしても仕方がない。次に勝てばよいのだ」

勝負ごとに勝敗はつきものです。勝てばとてもうれしいものですが，逆に負けると悔しいものです。ですから，負けてしまうとつい顔が下に向きがちになってしまいます。時には，負けたことがあまりにも悔しくて，あれこれと負けた理由を詮索し，愚痴を言ってしまうこともあります。

でも，負けたことをいつまでも引きずっていても，埒が明かないことになります。むしろ心を切り替えて，次に向かって努力し始める方がよく，物事が進展します。

この次に向かって心を切り替える時，負けたことを生かす切り替え方か，そうでないかがポイントです。勝負の結果の原因を振り返り，それを活かしてこそ，次に勝てるのではないでしょうか。やみくもに次は勝つぞと宣言しても，きっと勝敗は明らかですよね。

解説 後藤又兵衛　　　　　（1560〜1615／戦国時代の武将）
9月。学校生活はとかく勝負事が多いものです。その勝負を心の糧とするのです。勝ち負けにしっかりとこだわり，見通しと振り返りの中で次につなげると必ず成長します。

思いをひとつに

一路邁進（いちろまいしん）
―運動会に不安を感じている子どもへ―

そのまま話せる！

みんな，今日は待ちに待った運動会ですね。緊張していたり，うまく演技ができるか心配な気持ちになっていたりする子もたくさんいることでしょう。

そんな時には，初めて練習をした日のことを思い出してみましょう。「難しくて無理！」「絶対にできるわけない！」と口々に言っていました。でも，休み時間に自主練習をしたり，わからない仲間に教えたりする姿がありましたね。「仲間と力を合わせる」「心をひとつにする」言葉にするのは簡単。でも実際にするのは仲間との協力なしでは達成できません。

「一路邁進」という言葉があります。目的を達成するためにひたすら進むことです。今日まで一生懸命頑張ってきた仲間の力を信じ，そして自分の力を信じましょう。みんな一人ひとりが主役です。失敗しても大丈夫，最高の笑顔で今日までの頑張りの成果を見せましょう！

解説　四字熟語

運動会の団体演技では，仲間と動きや心を合わせて取り組むことが大切です。1人ではできないことも仲間とともにすることでより達成感が得られることに気づき，決して勝ち負けだけでなく，これまでの自分たちの頑張りを互いに認められるような機会にしたいですね。

挑戦・諦めない心

10月
逆境の中で咲く花は，どの花よりも貴重で美しい
ディズニー

―これからが頑張りどころの子どもに対して―

そのまま話せる！

「逆境の中で咲く花は，どの花よりも貴重で美しい」という言葉があります。逆境とは，いわば，その人の本当の部分が出る場面です。そこで，歯を食いしばり，がむしゃらにもがき苦しみながら，うまくいく時を待ち続けなければなりません。頑張り続けていれば，いずれ成功した時の喜び，達成感は何倍も大きなものになります。

2学期の半ばのこの時期，みなさんの中には頑張っているけどなかなかうまくいかなかったり，人間関係で悩んだりしている人がいるかもしれません。もし，自分自身がそうだったら，もうひと踏ん張りしてみましょう。その先の貴重で美しいゴールを目指して。

もし周りにそんな友達がいたら「今が踏ん張り時だよ。一緒にやろう」と言って，一緒に寄り添ってあげましょう。逆境は，その人にとっては周りが見えずしんどく辛いものです。しかし，頑張ってその逆境を乗り越えた時，その人の価値を高め，その後の人生で支えとなることでしょう。

解説 ウォルト・ディズニー（1901～1966／米国のアニメーター）
ディズニーランドの創設者であるウォルト・ディズニーは，順風満帆な人生ではなく，失敗に次ぐ失敗の人生でしたが，希望を諦めず，頑張り続けました。その精神が，ディズニーランドにも生きています。

諦めない心

3日あれば人間は変われる
アドラー
―練習でいい加減になっている子どもたちに―

そのまま話せる！

　今みなさんは、学習発表会に向けて練習をしていますね。毎日、練習を全力で頑張ろうとみんなで決めたのに、最近、全力を尽くせていない人はいませんか。とても悲しいことです。もしかしたら、このままその数名が練習をしていなくても、本番の学習発表会はそれなりに成功したように見えるかもしれません。今心がドキッとした人、ここで変わってみませんか。

　「3日あれば人間は変われる」これは、アドラーの言葉です。人は何か理由をつけて変わろうとしません。「どうせできないし」「○○があるから無理」それでは、何も変わりません。でも、3日できる人は4日できます。4日できる人は5日……。そして、それがこれからのあなたたちの一生の力になります。今諦めてしまったら、これからずっと諦めることに慣れてしまいます。そして、きっと後悔します。まずは、3日でいいので頑張ってみましょう。

　先生も友だちも一生懸命教えます。今までのことではありません。今、そしてこの先のことです。3日間続けたら、きっと変わっている自分に気づくはずです。

解説 アレフレッド・アドラー（1870〜1937／オーストリアの心理学者）
　学習発表会など、何かに向けて練習をしていく中で、途中で諦めてしまいそうになる子がいます。見通しがもてないのは、不安になるものです。まずは3日間頑張って成長を実感させたいですね。

授業態度

大人は虎変す
―専科授業で落ち着かない子どもに―

そのまま話せる！

　専科の先生の授業中に教室での授業とは違う態度をとっていた人がいるそうですね。その話を聞いて悲しく思いました。せっかくできる力をもっている君たちがその力を出さないなんて……。今までのことは，もうやり直すことはできません。ですので，これからに向けて，「大人は虎変す」この言葉を送ります。
　「大人は虎変す」とは，現在では「要領のよい人は，今までの態度をすぐ変えて，主義も思想も捨ててしまう」というマイナスのこととして使われていますが，本来は「優れた人間は，過ちは直ちに改め，速やかによい方向に向かう」というプラスの意味です。
　あなたの今日の「過ち」は何ですか。一人ひとり心の中で考えましょう。「よい方向」とは，具体的にどのようなことだと思いますか。そして，速やかによい方向に進める行動をしましょう。
　（次の専科の授業前に「大人は虎変す」と言って，教室から送り出しましょう。）

解説 中国のことわざ
　学級担任の授業と専科の先生の授業で態度を変える子どももいるかもしれません。学級担任として，その態度は間違っていること，これからに期待している気持ちを伝えたいですね。

努力・継続

私は失敗したことがない。ただ1万通りの
うまくいかない方法を見つけただけだ
エジソン

―失敗が続き落ち込んでいる子どもに―

そのまま話せる！

　　頑張っていることがうまくいかないと落ち込んでしまいますね。嫌になってしまいますね。「失敗ばかり！」と思うとそんな気持ちになるのも当然です。

　多くの発明で知られる発明家のトーマス・エジソンは，「私は失敗したことがない。ただ1万通りのうまくいかない方法を見つけただけだ」と言っています。エジソンは，何度もうまくいかないことを繰り返しながら，今に残るたくさんの発明をしました。そのうまくいかないことも失敗と思うとマイナスの出来事でしかありません。だけど失敗もうまくいくまでの過程だと捉えるとプラスになります。

　今みんなも，練習していることがうまくいかなかったり，頑張ったことの結果が出なかったりすると投げだしそうになることってきっとあると思います。だけど，それも「成功への途中！」とプラスに捉えてみましょう！失敗なんかじゃありません。うまくいかない方法をたくさん見つけただけです。

解説　トーマス・エジソン　　　（1847～1931／米国の発明家）
　学習発表会や運動会の練習，漢字テストなど，努力したのに結果がなかなか出ないと，子どもたちは落ち込むものです。また次への意欲もそがれかねません。結果のみにとらわれず，その一つひとつが次につながることを伝えたいものです。

体育の日

10月 人生にとって健康は目的ではない 最初の条件なのである

武者小路実篤

—体育の日—

昨日は何の日か知っていますか。そう、体育の日です。1999年までは10月10日が体育の日でした。1964年10月10日は東京オリンピックの開会式の日。そこで1966年から「スポーツに親しみ、健康な心身をつちかう」趣旨で国民の祝日としたのです。

みなさんは「人生にとって健康は目的ではない。最初の条件なのである」という言葉を知っていますか。「健康のために〜するのではなく、健康は何をするのにも大切である」という意味です。今こうして仲間とともに勉強していることも、笑い合えることも家族と楽しく過ごすことも、健康であるということが、ベースになっているのです。ただ単に病気をしていないということではありません。

では、健康を保つためには、何をしたらよいのでしょう。それは、適度な運動、バランスのとれた食事、そして睡眠です。今日は適度な運動について、自分たちができることを考えてみましょう。さぁ、休み時間。みんなで早速運動しに行きましょう！

解説 武者小路実篤　　　　　　　（1885〜1976／小説家）
1年の中でも、運動するのにとてもいい季節です。子どもたちには、外で元気に遊んでほしいものです。この言葉が、クラスみんなで遊ぶきっかけになるといいですね。

諦めない心

中国語で書くと，crisis（危機）という言葉は二つの漢字でできている。一つは危険，もう一つは好機である。　ケネディ

―壁にぶつかった子どもたちに―

そのまま話せる！

　　　運動会まであと5日。団体演技。一生懸命に取り組んでいるにも関わらず，全員の動きが揃いません。焦りからか，きつい言葉で言い合いになったり，もう無理だと諦めたような態度をとったりする人も出てきました。

　その昔，43歳という若さでアメリカ大統領に選ばれたジョン・F・ケネディはこんな言葉を残しています。「中国語で書くと，危機という言葉は二つの漢字でできている。一つは危険，もう一つは好機である」と。あと5日であるにも関わらず，動きが揃わない。そこだけを切り取るとそれは危機以外の何物でもありません。このままの状態で本番を迎えることは，まさに危険と言えるでしょう。ですが，危機を迎えたからこそ，みんなは本気になれたのではないのでしょうか。乗り越えるために努力することができたのではないでしょうか。そして，完成するという夢がもてたのではないでしょうか。危機は様々なものをもたらしてくれる好機でもあるまたとないチャンスです。力を合わせて，このチャンスをものにしようではありませんか！

解説 ジョン・F・ケネディ（1917〜1963／米国の第35代大統領）
　努力してもうまくいかないことに危機意識だけを持たせてもうまくはいかないものです。危機を好機と捉えさせることで，前向きに取り組む子どもの姿にしていきましょう。

読書

わたしが人生を知ったのは，人と接したからではなく，本と接したからである
フランス

—読書をしていますか？—

そのまま話せる！

　読書の秋です。みなさん，2学期で本を何冊読みましたか？　0冊？　10冊？　もしかしたら本よりも漫画の方が好きという子もいるかもしれませんね。

　「わたしが人生を知ったのは，人と接したからではなく，本と接したからである」という言葉があります。人を知るには多くの人を知り，深く関わらなければいけません。

　しかし，様々な人に出会うには，限界があります。本を読むことで多くの人の考え方に触れ，また深く知ることができます。本の中には自分の悩みを解決してくれる答えが書いているかもしれません。本であればすぐに出会うことができます。

　本が苦手な子は，伝記の漫画でもかまいません。サッカーが好きならサッカー選手の本でもかまいません。絵本でもかまいません。本はいろいろな世界を見せてくれます。自分の知らないことを教えてくれます。人生を豊かにしてくれます。

解説　アナトール・フランス　（1844～1924／フランスの詩人）
　10月は読書の秋です。少しでも本を多く読んで，様々なことを知ってもらいたいものです。本好きな子どもがたくさん増えるといいですね。

失敗

元気を出しなさい。今日の失敗ではなく，明日訪れるかもしれない成功について考えるのです
ヘレン・ケラー

―失敗を前向きに捉えられる子に―

そのまま話せる！

　テストが返ってきました。「うまくいった」と喜んでいる人もいますが，点数がよくなくて落ち込んでいる人もいます。どんなことでも失敗すると落ち込んでしまいますよね。ずっとそのことばかり考えてしまいます。

　「元気を出しなさい。今日の失敗ではなく，明日訪れるかもしれない成功について考えるのです」という言葉があります。今，この言葉が自分にしっくりくる子もたくさんいるでしょう。失敗した自分を励ましてくれる言葉です。先生も何度も救われました。

　テストが返ってきて「最悪や」「自分はダメなのかなぁ」なんて悩んでいる暇なんてありません。そもそも「点数が悪い＝ダメ」ではありません。テストは，今自分がすべきことを教えてくれるものです。「失敗」「うまくいかない」は成長のチャンスです。「こうすればうまくいくんじゃないかな」と考えて明日の成功へとつなげていきましょう。これは，テストのことだけではありません。人生のあらゆることにつながりますよ。

解説 ヘレン・ケラー　　　　　（1880～1968／米国の教育家）
　失敗するとずっと落ち込んでしまう子がいます。また，失敗を恐れる子もいます。テスト後にも，このような傾向がよく見られます。失敗を前向きに捉えられる子になってほしいです。

早起き

朝はいかにも早く起べし

北条早雲

―早起きすべし―

そのまま話せる!

「朝は早起きしなければならない。主人が遅く起きていると，家臣に見限られてしまう」戦国時代の大名，北条早雲の言葉です。

古来より，早起きは推奨されてきました。早起きがよきものとされてきた理由の１つには，限られた時間を無駄に使うなということがあります。お日様の出ている時間は限られています。日中できるだけたくさんのことをしようと思えば，少しでも早く起きるとその分できますよね。

もう１つには，健康のこともあるでしょう。不規則な生活では，健康体は保てません。早寝早起き朝ごはん。規則正しい生活は強い体をつくります。

さらに早雲の言葉から考えると，早起きと人の生活態度や他人への影響には関係がありそうです。常に早起きできるような人は，強い心の持ち主です。そうした心は必ず態度にも表れてきます。周りにいる人も身が引き締まるような気分になり，よい雰囲気が広がるでしょう。生活が心をつくる。心が生活をつくるということですね。一人ひとりが意識することですばらしい世の中ができるかも。

解説 北条早雲　　（1432？1456？～1519／戦国時代の大名）

10月。生活習慣の見直しです。「早起きは三文の徳」といわれます。家庭生活と学校生活は密接に関連します。学級と家庭とが連携して子どもの成長を見守っていきましょう。

ピンチはチャンス

迂を以て直と為し患を以て利と為すなり
―大局観―

そのまま話せる！

運動会が近づいてきました。そんな時に、こんな広告がありました。「この靴を履けば、今までにない速さで走れます。徒競走でも1等賞！」みなさんならこの靴を買いますか。

中国につぎのような言葉があります。

「迂を以て直と為し患を以て利と為すなり」

（回り道を近道になるようにし、ピンチもチャンスになるようにする。）

先ほどの靴、本当に履くと足が速くなるかもしれません。しかし、なぜ速くなったのか自分ではわかりませんから、もっと速くなるためには、さらに靴を買わないといけません。つまり、あっという間に足が速くなったようで、実は足が速くなるためのコツを知ることが遅くなってしまいました。つまり「直を以て迂と為す」ですね。

練習や努力することは時間のかかるようですが、実はみなさんが伸びるための一番の近道なのですね。

解説 『孫子』の「軍争」より

『孫子』はビジネス書でよく引用されますが、それほど実用的であると言えます。何かと効率を求める世の中ですが、実は長い目で見ると地道に継続することが一番の近道であることに気づきます。「急がば回れ」と話すより、権威のある感じがしますね。

行事の練習

10月 必死に生きてこそその生涯は光を放つ
織田信長

―「必死」になれない子どもがいた時―

そのまま話せる！

今日で学習発表会の練習が始まって1週間が経とうとしています。この1週間の練習はどうでしたか。

みんなの中に何度も何度も同じ練習の繰り返しで疲れるし、馬鹿らしい、大きな声でセリフを言ったり歌ったりすることが恥ずかしい、思うようにできない、必死に頑張っている姿を友だちに見られるのが嫌。こんな気持ちはありませんか。

戦国武将の織田信長は「必死に生きてこそその生涯は光を放つ」という言葉を残しています。いい加減に時間を過ごしても、一生懸命に時間を過ごしても同じ時間です。しかし、人が「必死」になれるものに出会った時、その時間はこれまでと違った時間となります。光を放ち、輝き、きっと心にずっと残るものになるでしょう。

さぁ、自分のもてる力を出し、必死に練習に取り組んでいきましょう。この学習発表会をいつまでもみんなの心を輝かせ続ける1ページにしましょう！

解説 織田信長　　　　　　（1534～1582／戦国時代の武将）
高学年になると、行事ごとの練習に対し「必死」になれないことも多くなってきます。そんな時にはこの言葉の意味をみんなで考えていきたいです。みんなで1つのものを創り上げる喜びを行事で感じさせていきたいですね。

行事への心構え

先ず隗より始めよ
―行事に追われているように感じたら―

そのまま話せる！

　　　この2学期はみなさんにとって，とても忙しいなと感じることが多いのではないでしょうか。運動会や学習発表会，地域との行事の交流など，毎日の生活が気ぜわしくなっていませんか。そんな時に大切なこととは……。それは，少し立ち止まって，手近なところから一つひとつ実行していくことなのです。

　『戦国策・燕』にある故事には「先ず隗より始めよ」という言葉があります。この言葉は，どうすれば賢者を招くことができるかと燕の昭王に問われた郭隗が，「まず私のような凡人を優遇することから始めて下さい。そうすれば優秀な人材が集まってくるでしょう」と言ったという話です。

　例えば，学習発表会の成功というクラスみんなの目標があったとします。「成功させたい！」という思いばかりが先行しては，うまくいかないでしょう。各役割が，着実に進めるべきことは何なのか，一人ひとりがまずできることは何なのかをしっかり考えて，進めていくことで「成功」への道筋がはっきり見えてくるのですよ。

解説 『戦国策』より

　子どもと同じように，教師も行事ごとに追われていませんか。教師の余裕のなさを，子どもたちに押しつけてはいけません。2学期の終わり，どんなクラスになっていてほしいかということを思い返し，まず隗より始めてみましょう。

才能

夏の火鉢は冬に役立ち，日照りの傘は雨降りのときに役立つ

黒田官兵衛

―自分なんて才能がないと思っている子どもに―

そのまま話せる！

　10月。秋です。運動の秋，芸術の秋。何をするにも気持ちのよい季節です。走ったり，絵を描いたりした時に「○○さんの〜する才能が羨ましい」って思うことありませんか。その後に続く言葉は「私には何の才能もない」

　武将，黒田官兵衛は，「夏の火鉢は冬に役立ち，日照りの傘は雨降りのときに役立つ」という言葉を残しました。確かに夏に火鉢は何の役にも立ちませんし，晴れている時に傘は必要ありません。もっている特性は場所と時間が合うことで初めて輝くのです。

　人間にも同じことが言えないでしょうか。手先が器用という特性は水の中では輝きませんし，泳ぎが得意という特性は細かい作業で輝くことはありません。手先が器用な特性は細かい作業で，泳ぐことが得意な人は水の中で輝きを放つのです。この輝きが才能です。

　あなたの特性が輝く場所や時が必ずあります。輝き放つ場所や時に出会うまでに今できること，それはあなた自身の特性を把握し，あなたがそれを大切に愛することです。

解説　黒田官兵衛　　　　　　（1546〜1604／戦国時代の武将）

　運動会や作品展が行われる度に，才能がないと嘆く子，落ち込む子っていませんか。才能はみんなにある。それぞれがもっている才能を大事にしようとする心を育みましょう。

目標に向かって

蒔かぬ種は生えぬ
―種を蒔いていますか？―

そのまま話せる！

　「私なんてどうせできないし」「私なんか才能ないし」と言う子がいますが，本当でしょうか。「○○ちゃんだからできる！」「○○ちゃんしかできない！」と言う子もいます。本当でしょうか？

　「蒔かぬ種は生えぬ」ということわざがあります。何か目標を達成するためには，達成するための種を植えなければなりません。種を植えなければ何も花は咲きません。良い点数を取るには，勉強をしないといけません。縄跳びが飛べるようになるには，縄跳びの練習をしないといけません。あたり前のことです。

　でも，よく愚痴や不満を毎日のように言い続ける人の中には，種を植えていないのに不平・不満を言っている場合があります。種を蒔いていない花は咲くことはありません。不平・不満を言うのをやめませんか。

　もう1つ大切なことがあります。それはどんなことでもすぐに結果が出ることはほとんどありません。花が咲くまでには時間がかかり，手間がかかるものです。だから焦らずにじっくりと取り組みましょう。

解説　ことわざ

　努力をする大切さはわかってはいるものの，それがなかなかできずにいる子や努力をせずに目標が達成できない子がいた時や何か大きな行事に臨む時に話しておきたい内容です。

団結

天の時は地の利に如かず，地の利は人の和に如かず

孟子

―行事に向けて一体感をもたせたい時に―

そのまま話せる！

　さぁ，学習発表会に向けての練習が始まりました。成功させるために必要なことは何でしょう。中国の孟子の言葉に「天の時は地の利に如かず，地の利は人の和に如かず」という言葉があります。「天の時」とは，チャンスやタイミングのことです。「地の利」とは，地形のもたらす有利さ，環境のことです。「人の和」とは，チームワークやみんなのやる気のことです。いくらチャンスが訪れても環境が整っていないといけない。いくら環境が整っていても，チームワークがないといけないということです。もちろんチャンスや環境は大切ですが，それらよりも大切なのは，「人の和」だということです。

　これから大きな行事にみんなで向かっていきます。練習時間などの「天の時」や準備物や場所の確保などの「地の利」は先生が助けることができます。でも，最も大切な「人の和」をつくるのはあなたたちです。みんなの心を一つにして，素晴らしい本番に向けて進んでいきましょう！

解説　孟子　　（紀元前372？〜289？／中国の儒学者）

　行事の多い11月。子どもたち自身の前向きな気持ちのもとに，準備を進めていきたいものです。しかし，中には「やらされ感」をもってしまう子どももいます。教師も全力で支える気持ちとともに，仲間の力が成功のカギを握っていることを伝えられればいいですね。

学習発表会

多くの人々に幸せや喜びを与えられること以上に，崇高で素晴らしいものはない
　　　　　　　　　　　　　　　ベートーヴェン

―学習発表会に向けて―

そのまま話せる！

　この人を知っていますか（写真を見せる）。そうです。ベートーヴェンです。彼は20代後半で耳が聞こえにくくなりました。耳が聞こえなくなってもたくさんの曲を作りました。交響曲第5番「運命」という曲を聴いたことがある人もいるでしょう。ベートーヴェンの時代までの音楽といえば，宮廷などで行われる公的・私的行事のために作曲されるものがほとんどでしたが，ベートーヴェンは大衆に向けた作品を発表する音楽家だったそうで，「多くの人々に幸せや喜びを与えること以上に，崇高で素晴らしいものはない」と言いました。

　みなさんは，これから学習発表会に向けて合奏や合唱の練習をしていきます。今までの授業では，自分たちが楽しんできました。しかし，学習発表会ではたくさんのお客さんがいます。そのお客さんが幸せな気持ちになり，喜んでもらえる音楽を作っていきましょう。

　発表が終わった時にベートーヴェンと同じように崇高で素晴らしい気持ちを味わってみませんか。

解説　ルートヴィヒ・ヴァン・ベートーヴェン
　　　　　　（1770～1827／ドイツの作曲家）
　学習発表会では観客を意識した取り組みをしていかなければいけません。子どもたち一人ひとりがめあてをもち，主体的に取り組んでいけるといいですね。

学習発表会

真の知識は経験あるのみ
ゲーテ

—大きな行事の前に—

そのまま話せる！

いよいよ学習発表会が近づいてきました。この発表会の練習を始める前に，何が大切かをみなさんに話しましたね。一人ひとりが精いっぱいの力を出して，自分の役割をやりきることと，クラスの仲間みんなで協力し合うことでしたね。今回の学習発表会を通して，もう1つの大切な学んでほしいことがあります。

「真の知識は経験あるのみ」ドイツの詩人であるゲーテはこのように言っています。世の中にあるいろいろな情報は，活用し，経験して振り返ることで"真の知恵"となります。100の情報をもっていることよりも，そのうち10を自らの経験とすることがその後の人生には役立ち，そして，10の経験からたった1つでもよいのでしっかり振り返ることが重要なのです。

学習発表会では，協力が大切とか，精いっぱいの力を発揮するという知識を，実際に経験し振り返ることができるいい機会です。この経験がみなさんをさらに成長させてくれますよ！

解説 ヨハン・ヴォルフガング・フォン・ゲーテ
（1749～1832／ドイツの詩人，小説家，政治家）
大きな行事をいよいよ迎えるという時。失敗しても成功してもそれは大きな経験になるはずです。けっして今までのことが無駄にはならないということを伝えていきましょう。

努力

水泳は冬の間に上達し、スケートは夏の間に上手になる
ジェームズ

―努力をする時とは―

そのまま話せる！

　みなさんは、今、ほかの人よりうまくなりたいとか、○○では負けたくないと思うことがありますか。スポーツでいえばライバル関係という言葉で表されています。

　例えば、スケートの練習や水泳に一生懸命取り組んでいるとします。スケートは冬のスポーツで、水泳は夏にすることが多いでしょう。それぞれの季節にライバル選手に負けないように一生懸命練習します。みんなが必死に練習している時に、自分も必死に練習しないと、当然ですがライバルたちに、「差」をつけられます。

　1日は24時間。どれだけ練習してもそこまで大きな差はつきません。しかし、大きな差となって表れるのはなぜでしょうか。それは、ライバルたちが練習していない時にも、ただただ、必死に練習していたからに他なりません。

　「今日ぐらいは……」「明日すればいいし……」ということの積み重ねが「差」を生んでいくのですね。少しの時間を使ってでも、本を読んだり、練習したりなど何かに取り組むことが上達のポイントなのですね。

解説 ウィリアム・ジェームズ　（1842〜1910／米国の哲学者）
スポーツに限らず、どんなことに対しても努力を積み重ねることが大切です。ライバルに勝ちたいと思ったら、ライバルと同じことをしていていいのかということを考えさせるといいでしょう。

困った時

困難は分割せよ

デカルト

―乗り越えられない困難はない―

そのまま話せる！

「122421433720」

この数字を覚えましょう。と言っても何度も唱えると覚えられるかもしれませんが，大変ですね。

「1224 214 33 720」

このように分けるどうでしょうか。先ほどよりは覚えやすくなるかもしれません。しかも，「クリスマスイブ」「バレンタイン」「ひな祭り」「夏休み」と思うとさらに覚えやすくなるかもしれません。

フランスの有名な哲学者デカルトは次のように言っています。「困難は分割せよ」。

一見，難しそうな問題や「大変だ！」と思うような出来事も，分割してみると意外にたいしたことはないということがあるものです。11月はいろいろなことに挑戦しやすい時期です。同時に困難も出てくるかもしれませんが，そんな時は「困難は分割せよ」を思い出し，1つずつ考えてみましょう。

解説 ルネ・デカルト （1596～1650／フランスの哲学者）

デカルトといえば「我思うゆえに我あり」の言葉が有名ですが，この言葉もよく使われています。11月はクラスによいことも悪いことも含めいろいろとある時です。そんな時こそ教師も子どももこの言葉を思い出して，困難を乗り越えてほしいものです。

団結

和を以て貴しとなす

聖徳太子

―どんな社会でも，基本姿勢―

そのまま話せる！

　２学期，クラス全員で行事を経験するごとに，クラスの団結が強くなっていきます。その一方で，学級内でいろいろな諸問題が起き，その問題を解決するごとに，クラスのつながりが強くなっていく時期です。この団結やつながりが，この言葉の「和」に当たります。

　この言葉は，聖徳太子が十七条の憲法の中で言った言葉です。お互いに意見が違っても争わず，話し合い尊重し合うことで，どんなことでも可能になると言っています。この言葉は，今の世の中でも，通じる言葉です。どんな社会でも，お互いを思いやり，尊重し協力し合わないと物事はうまくいきません。みんなのアイデアを出し合い，協力し合うことで，大きなことを成し遂げることができます。

　まずは，教室の中での「和」から始めてみましょう。そして，学年の「和」，学校の「和」へと広げていきましょう。日本人は，「和」を意識し，行動することができると言われています。さぁ，みなさんの周りの「和」をつくっていきましょう。

解説 聖徳太子　　　　　（574〜622／飛鳥時代の皇族・政治家）
　様々な伝説がある聖徳太子ですが，今から1500年以上前から，「和」，チームを意識していたことに，驚かされます。子どもたちの「和」子どもと先生の「和」家族の「和」どれも大切ですね。

友だち

無敵
―周りの人との関係を改めて考える―

そのまま話せる！

先生はいつも「無敵になりたい！！」と思っています。「え？　どういうこと？？」という声が聞こえてきますね。みなさんは、「無敵」と聞いて、どんな人のことを思い浮かべましたか？

・誰よりも強い
・寄せつけるものをみんな弾き飛ばす
・すごい力がある

もちろんこれも無敵です。ゲームにもそんな無敵のキャラクターがいますよね。辞書（大辞林）にも「相手となるものがないほどに強いこと（さま）」と載っています。

でも、先生が考える「無敵」とは真逆です。先生は、「だれも敵が無い『無敵』な人」になりたいです。誰かをどんどん傷つけていく「無敵」なんて楽しくありません。誰かを傷つける時には、きっと自分も少しは傷ついています。

本当の「無敵」とは、周りに敵がいない人のことをいうのではないでしょうか。誰もが「あの人を大切にしたいな」と思いたくなるような人になりたいです。

解説 無敵（熟語）

　ゲームやアニメを通して、子どもたちは強い「無敵」に憧れます。だからこそ、「本当の無敵とはどういうことか」も考えやすいです。あくまでも価値観を押しつけないように伝えます

教室環境

> できることから始めなさい。第一歩から始めなさい。いつも必ずこれ以上できないという限界があります。あまり多くやろうとすると、何事もなし得ないでしょう。
> ウスペンスキー＆グルジエフ

―学級の中の荒れが出始める時期に―

そのまま話せる！

　38人のうち3人が掃除の後に残ったゴミを拾い、38人のうち2人が乱れた学級文庫の整理をして、38人のうち2人が放課後バラバラになった机と椅子の整頓をして、今この学級は保たれています。

　しかし、この7人がそれらをやめてしまった時、この学級はどうなりますか。掃除をした後なのにゴミがあちらこちらに散乱している、学級文庫の中が本などで溢れかえっている、放課後にバラバラになったままの机と椅子はそのまま朝を迎えます。そうして、教室環境が乱れてくると心も乱れ、荒れた学級になっていくのです。

　7人の力で何とか保っている学級でいたいですか。それとも、掃除の後にゴミが落ちていないか確認する、学級文庫は揃えて片づける、帰りには全員で自分の机と椅子を整頓するなど、一人ひとりが自分の役割を果たす学級を目指しますか。自分の中で学級の目指す姿を思い浮かべてみましょう。そして、今の自分がみんなのために「できることから」始めてみませんか。

解説 ウスペンスキー＆グルジエフ
（1878～1947／ロシアの思想家、1866～1949／アルメニアの思想家）
　教室環境の荒れは、子どもたちの心の荒れとつながっていきます。この時期になるとどんどん人任せにする子どもが増えてきます。自分が学級のためにできることを考える機会にしたいです。

ケンカ

怒りは無謀をもって始まり，後悔をもって終わる

ピタゴラス

—すぐに手が出てしまう子たちへ—

すぐにカッとなってしまい，自分の気持ちをおさえることができずに，すぐに暴言を言ってしまったり，暴力をふるってしまったりといった経験はありませんか？ その後，話し合った時に後悔したり，悪い気分が残ったりしたことはありませんか。

「怒りは無謀をもって始まり，後悔をもって終わる」というピタゴラスの言葉があります。

怒りに対する対応は，人それぞれ違います。すぐに反発する子もいれば，受け流すことができる子もいます。反発することと受け流すことでは，どちらがさらなる怒りになるかはみなさんわかることだと思います。「あの時少し怒りを我慢していればこんなことにならなかったのに……」と後で後悔してももう遅いです。

物事の受け止め方によって，怒りは小さくすることができます。自分の怒りの感情に気づき，心がけることで，ある程度はコントロールもできます。トラブルになった時の対応の仕方についてみなさんもう一度考えましょう。

解説 ピタゴラス　　　（紀元前582〜496／ギリシャの数学者）

火に油ということわざもありますが，怒りがさらなる怒りとなる場合があります。そうならないために，もう一度子どもたちに考えてほしい時に伝えたい言葉です。

自然を感じる

春「山笑う」夏「山滴る」
秋「山装う」冬「山眠る」

郭熙

―紅葉の秋―

そのまま話せる！

空気が冷たくなり，山が色づき，秋の深まりが感じられるようになってきました。このような言葉を知っているでしょうか。

中国の画家・郭熙の言葉で，秋の山を見て，「山○○」と言ったそうです。○○にはどんな言葉が入ると思いますか？

正解は，「山装う」です。「粧う」とも書くそうです。この言葉を書いた呂さんは，どんな景色を見ていたのでしょう。きっと，赤や黄，橙，茶など色彩豊かな山の様子を見て，まるで色とりどりのきれいな柄の服を身につけたように見え，装うという言葉を使ったのではないでしょうか。他の季節は，春は笑う，夏は滴る，冬は眠ると表現しています。

寒くなってくると，下を向いて，首を縮めて歩いている人をよく見かけます。しかし，見上げてみると，そこには見るも美しい風景が広がっているかもしれません。変わりゆく自然の様子に目を向けてみましょう。

解説 郭熙（呂祖謙の『臥遊録』より）（1023〜1085／中国の画家）
行事が次々にあり，目まぐるしく過ぎる日々の中で，ふと外を見て，季節の移り変わりや自然の美しさを感じる心の余裕を教師も子どももちたいものです。

易きに流れるな

11月 窮屈成所を好み楽成所を嫌ふべし
藤堂高虎

―易きに流れるな―

そのまま話せる！

戦国時代の大名，藤堂高虎の言葉です。「しんどいことを好んで，楽にできるようなことを嫌え」どういうことでしょう。

藤堂高虎は，徳川軍の先鋒を任せられるほど出世した人物です。しかし，その出世までに「七度主君を変えねば武士にはあらず」といわれるように何度も仕える家を変えた苦労人でもあります。

自分の立身出世のために主君を変えることは，戦国時代には当たり前のことでした。しかし，仕える主人を変えただけで出世ができるわけではありません。相応の手柄を立てなければなりません。手柄は転がり込んでくるものではなく，やはり相応の努力をしなければなりません。高虎は築城の名手とも呼ばれていましたから，学問にも努力をしていたのでしょう。

人は易きに流れやすいものですが，自分の夢をかなえるためには，それではだめです。易き先に夢の実現はありません。夢は転がり込んでくるものではなく，自分でつかみ取るものです。楽なるところを嫌うべし。ファイト！

解説　藤堂高虎　　　　　　（1556〜1630／戦国時代の大名）
11月。夢を語ることは大切ですが，夢の実現への見通しをもつことはもっと大切です。夢の実現への過程において，困難は当然あるはず。希望がもてるようにしたいですね。

油断せずに最後まで

最も大きな危険は勝利の瞬間にある
ナポレオン

―最後まで油断しないように！―

そのまま話せる！

　もうすぐ音楽発表会です。これまで，とてもよく頑張りました。今日の演奏もとてもよかったです。もう明日が本番でも大丈夫だと思っています。みなさんもそう思いませんか？

　そんなあなたたちに１つの言葉を贈ります。この言葉は，フランスの英雄ナポレオンの言葉です。ナポレオンは「余の辞書に不可能という文字はない」という言葉が有名です。この言葉を聞いてどう思いましたか？　偉そうだな，傲慢だな，自信家だなと思いませんか。しかし，贈りたいのはこの言葉ではありません。「最も大きな危険は勝利の瞬間にある」という言葉です。実は，傲慢そうだと思ったナポレオンは自分に厳しい人で，自分を戒めていた人だったのです。

　特に勝利や成功の時は，どんな人でも油断をしてしまいます。そうならないために，あなたは何ができますか？何をしなくてはいけませんか？　残りの時間，より高いゴールを目指して，みんなで油断せず練習していきましょう。

解説 ナポレオン・ボナパルト（1769～1821／フランスの軍人）
　子どもたちはできるようになると油断をしてしまいます。勝って兜の緒を締めよということわざもあるように気を引き締めたい時に叱るのではなく上のような話をしたいものです。

学級の荒れ

11月
世の中のいざこざの因となるのは，奸策や悪意よりも，むしろ誤解や怠慢だね
ゲーテ

―学級の荒れを感じた時に―

そのまま話せる！

　　友達とケンカ，仲間割れをしたことはありますよね。何が原因だったか，その時のことを覚えていますか？

　その時は腹が立って相手をむやみに非難したり，別の友だちにその子の悪口を言ったりして鬱憤を晴らした人もいるかもしれません。しかし，たいていのことは落ち着いて考えれば小さなことで，相手の立場で考えることができなかったばかりに事態をより悪くした人もいるでしょう。

　「世の中のいざこざの因となるのは奸策や悪意よりも，むしろ誤解や怠慢だね」と言ったのは，ドイツの小説家ゲーテです。奸策というのは悪巧みという意味です。つまりいざこざは，あなたを罠にはめようとしたものではなく，誤解や怠慢から生まれているということです。

　友だちとうまくいかないことがあった時，落ち着いて考え，誤解がないか，自分の行動に怠慢がなかったか，よく考えるようにしましょう。

解説 ヨハン・ヴォルフガング・フォン・ゲーテ
（1749～1832／ドイツの詩人，小説家，政治家）
　11月は学級が荒れるとよく言われます。子どもと子ども，教師と子ども，ちょっとしたボタンの掛け違えで問題が大きくなることもあります。そんな時に，互いに思いやり，歩み寄ることが大切なのだという言葉を子どもたちに伝えましょう。

文化の日

人は他人に迷惑をかけない範囲で自由である

福澤諭吉

―文化を楽しめることに感謝！―

そのまま話せる！

　11月3日は文化の日。国民の祝日で「自由と平和を愛し，文化をすすめる日」とされています。1946年のこの日，日本国憲法が公布された日でもあります。日本国憲法三代原則は，「国民主権」「基本的人権の尊重」「平和主義」です。少し難しい言葉ですね。根本にあるのは，自由と平和を愛するという精神です。それは今も変わっていませんよね。

　文化とは，美術や芸術など，人が自らの手で築き上げてきた成果です。文化を追い求めることは，人として生きていくことを豊かにしてくれます。

　しかし，時代によっては，人が自由に文化を進めたり，楽しんだりすることが許されない時代もありました。それは，人として豊かに生きていくことを否定することです。

　今は「自由と平和」に感謝しながら，文化を楽しむことができます。福澤諭吉はこのようなことを言っています。「人は他人に迷惑をかけない範囲で自由である」と。

　この日は，美術館や博物館などが無料になっているところもあります。文化に触れる一日にしてみませんか。

解説 福澤諭吉　　　　　　　　（1835〜1901／思想家，教育者）
　学校教育のなかでも，文化に触れる機会はたくさんありますが，普段なかなか意識することはありません。文化を楽しめる時代であることを意識させたいものです。

継続・努力

一生懸命だと知恵が出る。中途半端だと愚痴が出る。いい加減だと言い訳が出る
武田信玄

―普段のことがいい加減になってきた時に―

「一生懸命だと知恵が出る。中途半端だと愚痴が出る。いい加減だと言い訳が出る」これは，戦国時代の武将武田信玄の言葉です。

一生懸命とは文字通り，命を懸けて物事を行うことです。中途半端は，やるのかやらないのかどっちつかずの状態です。いい加減とは，最後まで徹底してやりきらない状態です。

例えば掃除当番。中途半端な気持ちだと「あー，めんどくさいな」などと愚痴が出ます。いい加減だと「時間が足らないから，ちょっとぐらいゴミが残っていてもしょうがないな」などと言い訳がでます。しかし，一生懸命な人は，限られた時間の中で，隅々まできれいにする方法を考えます。知恵を出します。

さぁ，今年も残すところ1ヶ月となりました。自分の言葉を振り返ってみましょう。愚痴や言い訳をついつい口にしていませんか。全力で一生懸命に毎日を過ごしてみましょう。愚痴や言い訳を乗り越えると，新しい知恵が待っています！

解説 武田信玄　　　　　　　（1521〜1573／戦国時代の武将）
1年の終わり，慣れや寒さも重なり，ついつい愚痴や言い訳を耳にすることが多くなります。しかし，そこを乗り越えられて一生懸命に努力を続ける子を育てたいですね。

助け合い

もし一日だけ親切にし，思いやりを示すことができれば，もう一日続けることができる。これには一銭もかからない。今日から始めよう
カーネギー

―助け合い精神を育もう―

そのまま話せる！
　赤い羽根の共同募金が行われます。それを主催しているユニセフという団体ができたのが，1946年の12月11日だそうです。この12月11日は，ユニセフ創立記念日となっています。

　みんなから集めたお金は，地域における高齢者や障害をもった人，子どもたちなどのために使われます。困っている人や社会的な課題を解決するために使われます。

　「自分が少しだけ募金しても何も変わらないよ」と思う人もいるかもしれません。だけど，みんなの親切や思いやりがたまれば大きな力になります。

　「もし一日だけ親切にし，思いやりを示すことができれば，もう一日続けることができる。これには一銭もかからない。今日から始めよう」と言った人がいます。きっと，誰かのためを思って募金などの小さな思いやりを示せる人は，違う場面でも思いやりの心が出せるのでしょう。そんな風に考えると，人助けをすることは，自分の心を育てることにつながっているのですね。

解説　デール・カーネギー　　　　（1888～1955／米国の作家）
　年に何度かある募金。何のためにしているのかわからずに行っていることも多いですね。人のために行うのみならず，自分の心を育てていることにつながっていることを伝えましょう。

メモをとるよさ

メモこそ命の恩人だ

エジソン

―板書を全部写すだけになっている子どもに―

そのまま話せる！

　板書を全部写す人、大事だと思ったところだけ写す人、先生や友達が言った言葉も書いている人、まったく写さない人、みなさんはどれに当てはまりますか？

　発明家で有名なトーマス・エジソンは、「メモこそ命の恩人だ」という言葉を遺しています。エジソンは数多くの発明をしましたが、それと同じくらい多く改良も行っていたため、訴訟問題がひっきりなしだったそうです。そんな時、自分を救ってくれたのはメモだったというのです。

　みなさんの中にも、ノートに書いていたメモのお陰でテストの時に助かったとか、メモをしていたから忘れ物をしないで済んだ、ということもあるのではないでしょうか。

　メモには、自分を高める力と自分を救う力の両方があると思います。大事だと思ってメモをする時には脳が活性化しているため考える力を育て、自分自身がピンチの時に助けてくれるのもまたメモの役目です。メモ、始めてみませんか。

解説　トーマス・エジソン　　（1847〜1931／米国の発明家）

　誰もが知っている有名な発明家も困ったことが多々あったのでしょう。しかし、メモによって発明が支えられ、メモによって自分が救われたのです。子どもがステップアップする１つの手立てとしてメモをすることを提案してみてください。

将来の夢

If you can dream it, you can do it.
ディズニー

―夢を見ようよ―

そのまま話せる！

　最近，夢がないと言う若い人たちが増えているそうです。みなさんはどうですか？　夢がありますか？　「将来〇〇になりたい」「大きくなったら，△△をしてみたい」という将来の夢を見ることはどんなことをあなたにもたらすのでしょうか。

　みなさんもよく知っているミッキーマウス。その生みの親であるウォルト・ディズニーはこんなことを言っています。

　「If you can dream it, you can do it.（夢見ることができれば，それは実現できる）」

　きっと，ウォルト・ディズニーもはじめからうまくいったのではないのでしょう。トライ＆エラーを繰り返し，今でもみなさんに愛されているディズニーランドを作り上げたのでしょう。

　夢を見るというのは，自分のやりたいことを描くこと，想像することなのです。できないと思っていることは，本当にできなくなってしまうものです。あなたの未来は，あなたのものです。その未来を切り開くカギは If you can dream it, you can do it. です。さぁ，夢を見ようよ！

解説 ウォルト・ディズニー（1901～1966／米国のアニメーター）
　将来の夢を描けるのは人間だけといわれています。人間にしか備わっていない想像力を働かせることが，夢を実現する一番の近道なのです。

学ぶ意味（テスト）

勉強する事は自分の無知を徐々に発見していく事である
デュラント

―テストがたくさんある時期に―

そのまま話せる！

学期末たくさんのテストもありますね。テストを返すとまず一番に見るのは、やっぱり点数ですよね。100点だとうれしいものです。反対に、悪い点数だと落ち込んでしまいますね。

テストは何のためにするのでしょう。もちろんこれまで学習してきたことを確認するという意味もあります。でも、それだけではなく、知らないことやわからなかったことを見出せることに大きな意味があるのではないでしょうか。

「勉強する事は自分の無知を徐々に発見していく事である」と言った人がいます。世の中には、自分の知っていることやわかっていることよりも、はるかに多くの知らないこと、わからないことがあります。勉強することは、そのはるかに多くのことを学んでいくことなのです。

テストでできなかったところは、その知らないこと、わからないことを発見できたということです。それはとても貴重な機会です。そう思うと、100点でないことも、100点であることより幸運なことだと思えてきませんか。

解説 ウィリアム・C・デュラント（1861～1947／米国の企業家）
テストの点数で一喜一憂する子どもたち。また勉強する意味を見出せない子どもたち。そんな子どもたちに贈りたい言葉です。次につながるきっかけになるといいですね。

文字を美しく

書は人なり
―文字を美しく書こう―

そのまま話せる！

今年の漢字が発表されました。これを発表しているのは日本漢字能力検定協会というところです。またこの日12月12日を漢字の日として制定しています。「1（いい）2（じ）1（いち）2（じ）」のごろ合わせからきているそうです。

みんなは，今たくさんの漢字を学習しています。それらを用いて文章を書くこともありますね。「1（いい）2（じ）1（いち）2（じ）」書けていますか。

「書は人なり」という言葉があります。「字は体を表す」などと言われることもあります。文字というものには，その人の人柄が表れるということです。雑な字を書く人はいい加減であったり，丁寧な字を書く人は朗らかな人だったりということでしょうか。

小学生のみんなの字はこれからまだ変わっていきます。どんな自分になりたいですか。どんな文字を書く人になりたいですか。思い描きながら，毎日の文字を書き続けることで，自分の文字が決まっていきます。それがきっとその人の人柄にもつながるのでしょう。

解説 諸説あり（中国の揚子雲が最初と言われている）
　普段の文字がいい加減になってくる子も出てきます。テストで自分の名前を書くのですら……。手書きの文字は人に伝える手段であるとともに，自らを表す分身であることを伝えたいものです。

正直

正直なほど富める遺産はない
シェイクスピア

―ズルやごまかしがあった時―

そのまま話せる！

「正直者が馬鹿を見る（正直な者が損をしたり，ひどい目にあったりする）」という言葉があります。みんなは本当にそうだと思いますか。

正直に言えば仲間や先生に怒られる，怒られるから黙っている。そうやって一人ひとりが「自分のために」ズルをしたりごまかしたりを続けている限り，「クラスの仲間からの信用」とは得ることができません。人は間違うことがあります，もちろん先生も同じです。間違ってしまった時，みんなならどうしますか。勇気ある「ごめんなさい」が言えていますか。正直な気持ちを伝えられていますか。

「正直なほど富める遺産はない」という言葉があります。正直であるほど，人として豊かな人生が送れるということを伝えています。

人から信用されないほど悲しいことはありません。信用できる関係をつくるためには，怒られても恥ずかしくても「互いに正直であること」が大切です。勇気をもって伝えることができた時，今までの自分から一歩踏み出せるはずです。

解説 ウィリアム・シェイクスピア（1564～1616／イギリスの劇作家）
怒られたくない一心でズルをしたり，ごまかしたりする行動が目立ってくる時期。正直者が馬鹿を見ない，そんな学級をつくっていきませんか。

掃除

人生に成功する秘訣は，自分が好む仕事をすることではなく，自分のやっている仕事を好きになることである　ゲーテ

―掃除をサボってしまう子がいた時―

そのまま話せる！

　掃除は好きですか。全員が自分の仕事をきちんとこなしていくだけで，クラスはいつも快適な空間にすることができます。今日のクラスはどうですか。

　チョーク受けは汚れているし，ベランダの雑巾は飛び散っているし，用具入れの中のほうきも雑に置かれたままです。みんなの心が届いていない部分は，たくさんあります。まだ，誰かがやってくれていることに気づいていなかったり，人任せにしていたり，自分で進んでやろうとしない仲間がいます。先生がいないと平気で掃除をサボる人が出てくるようなクラスでは，「互いに信頼する」ことは不可能です。わずか10分の掃除時間に自分たちで自分たちのことができるのかチャレンジしてみませんか。それができた時，きっとこのクラスを誇りに思い信頼できるようになるはずです。自分たちのクラスには，サボる人はいない，みんな信頼できる人たちだ。そう思えることがどれだけ心地よいことでしょうか。

解説　ヨハン・ヴォルフガング・フォン・ゲーテ
　　　　　（1749～1832／ドイツの詩人，小説家，政治家）
　掃除の時間，なかなか自分の仕事ができない子どもがいます。それをよしとしてしまうと，頑張っている子どもたちのやる気をなくしてしまいます。一人ひとりが責任をもって仕事することの大切さを伝えていきましょう。

無欲

心に欲なき時は義理を行ふ
上杉謙信

―無欲で，道理をつらぬく―

そのまま話せる！

戦国時代の大名，上杉謙信が作ったとされる上杉家家訓十六ヶ条（宝在心）の1つです。「心に欲なき時」とは，無欲であること，「義理を行ふ」とは，正しい道理を守り，実践することです。

人は，欲の塊とも言われますね。「あれもほしい，これもほしい」「あれもしたい，これもしたい」と自分の欲求を挙げればきりがありません。この欲求があまりにも強すぎると，時として本当に大切にしなければならないものを見失ってしまうことがあります。

例えば，休憩時間に遊具の先陣争いをしたことはありませんか。「すぐにでもあの遊具で遊びたい」という気持ちが強くなってしまい，争った友だちとケンカになってしまったことがあるかもしれませんね。

仲よく遊ぶということが正しい行いとすれば，ケンカになるのは間違った行いです。もし，自分の欲求を少しでも抑え，順番を守るとか，相手に譲るとか，正しい行いを振る舞えば，もっと楽しいことに出会えるはずです。

解説　上杉謙信　　　　　（1530〜1578／戦国時代の大名）

12月。子どもの我欲は無邪気で純粋なものですが，それによって失敗してしまうことも多々あります。年末に自分を見つめ直す契機にし，新たな自分と出会えるようにしたいですね。

地域とのつながり

未来は現在と同じ材料でできている
ヴェイユ
―自分が住む町のために―

そのまま話せる！

　毎年12月に赤い羽根共同募金の活動が行われます。これは、戦後直後に、市民主体の取り組みとしてスタートし、日本の復興の一助となりました。今は市民自らの行動を応援する「自分の町をよくするしくみ」に役立てられています。みなさんは自分の町をよくしようと考えたことはありますか。自分の力でよりよくなるように行動する人間は、そう多くはありません。

　「未来は現在と同じ材料でできている」という言葉があります。自分の未来は、今の自分の数時間、数日、数年後なのですから、当然同じ材料ですよね。町はどうでしょう。土地は変わりません。家、建物、木、花……できれば長く美しく保ちたいものです。しかし、そこに住む人たちの影響次第でどうにでも変わることは言うまでもありません。自然を大切にすれば植物はそこに生き続け、町のことを考え過ごしやすい町にすれば、また新たに素晴らしい人が移り住んでくるのです。自分たちの暮らすこの町の未来を考える日になるといいですね。

解説 シモーヌ・ヴェイユ　（1909～1943／フランスの哲学者）
　12月の1ヶ月間赤い羽根募金が全国の小学校で行われます。意味もわからず取り組んでいる子がいるかもしれません。地域社会に貢献するチャンスです。意識を変革していきましょう。

143

諦めない心

女(なんじ)は画(かぎ)れり
―自分で自分の成長を止めない―

そのまま話せる!

　今，通知表（成績）を返しました。自分が思うよりよかった人，悪かった人いるでしょう。でも，大切なのはもっともっと成長すること。3学期は今以上に伸ばせそうですか？

　今，心の中で「無理」と思った人。論語という昔の中国で書かれたものに「女は画れり」という言葉があります。「自分で見切りをつけてやろうとしない」という意味です。

　「できない」と「やらない」は全く違います。「できない」はいつの日か「できる」に変わりますが，「やらない」は決して「できる」ようになりません。

　「できない」ことをできるようにしていくのが学校です。「できない」ことをできるようにするには，まずは挑戦すること。自分で自分の成長を止めないようにしましょう。

　「無理」の言葉が頭によぎった時に，「女は画れり」の言葉を思い出して，自分の可能性を止めないように！！

解説 『論語』の言葉

　子どもが成長していくのは「いつの日かできるようになる」と思っているからです。しかし，経験とともに「自分にはできない」と「女は画れり」するので，結局そこで成長がストップしてしまいます。「やろう」とする気持ちはいつまでももたせ続けたいものです。

自分を高める方法

人間は，努力をする限り，迷うものだ
―自らを高めるためには―

そのまま話せる！

　もうすぐ今年も終わります。この一年，どんな努力をしてきたでしょうか。どんな成長ができたでしょうか。何かに向かって努力をしている時，いつも順風満帆にいくわけではありませんね。苦しい時，迷う時，つらい時もきっとあるでしょう。「人間は，努力をする限り，迷うものだ」と，ゲーテという人が言いました。

　人は，何か目標を立てて，それに向かっている時悩んだり，迷ったりするのは当たり前のことです。それは，あなたが弱いから，まだ幼いからというわけではなく，悩む，迷うということは真剣に努力をしている証拠なのです。「どうすればテストの点数がとれるだろう」「ケンカした友だちになんて言って謝ろうかな」「どうすればピアノが上手になるかな」真剣に努力せずに悩むことがあるでしょうか。

　今年もきっとたくさんのことで悩んだと思います。人生は選択の連続とも言えそうです。迷いながらでも，自分の幸せを選んでいけたらいいですね。迷いすぎて自分を余計に苦しめないようにだけは気をつけましょうね。

解説 ゲーテ『ファウスト』より
　努力をすることがつらいと感じる時もあります。頑張らないのはよくないですが，頑張りすぎも人を苦しめます。子どもたちの個性に合わせて，アドバイスしてあげるといいですね。

1年の成長

最上の幸福は，一年の終わりにおいて，年頭における自己よりも，よくなったと感ずることである　トルストイ

―1年の最後の月に至って―

そのまま話せる！

　今年も最後の月になりました。世の中では「師走」といい，1年の終わりに向けて，ばたばたと気ぜわしい雰囲気になります。

　みんなは，この1年で，できるようになったこと，わかるようになったこと，成長したことがたくさんありました。漢字をたくさん覚えた。算数で新たな考え方がわかった。仲間に優しくできた……。すごいことです。だけど，それらを振り返り，感じることなく過ごしてしまう人がほとんどです。そして，あっという間に今年が終わっていきます。

　「最上の幸福は，一年の終わりにおいて，年頭における自己よりも，よくなったと感ずることである」という言葉があります。この最上の幸福を味わわなくては，あまりにもったいない。しっかり成長を感じてください。幸せを味わってください。もし，自分では気づいていない仲間には教えてあげましょう。幸せを感じることが，来年1月の新たな幸せに向けてのスタートにつながります。毎年少しずつ幸せになっていくことができますね。

解説　レフ・トルストイ　　　　（1828～1910／ロシアの小説家）

　教師も子どもも，ばたばたとして過ごしてしまいがちな12月。学年としては半ばですが，1年の締めくくりとして，1年を振り返る機会をもちたいものです。少しの成長を感じる喜びを分かち合いたいですね。

冬休みを前に

人間はいつも張り詰めた弓のように していては続かない

上杉鷹山

―冬休みを前にして―

そのまま話せる！

2学期が終わろうとしています。学級で一致団結して行事に臨み、毎日の授業で一生懸命学び、それぞれが充実感や達成感を感じていることでしょう。

明日から冬休みです。旅行へ行く、友だちと過ごす、できなかったことに挑戦するなど、予定がぎっしり詰まっている人もいるでしょう。しかし、休みたいと感じている脳や体を働かせ続けると、体調を崩してしまうこともあります。

江戸時代の米沢藩の藩主であった上杉鷹山は、生活が苦しい農民や町人の声に耳を傾け、藩の財政を立て直しました。経済的にも精神的にも人々を救った鷹山は、「人間はいつも張り詰めた弓のようにしていては続かない」という言葉を遺しています。努力を続けることは大切ですが、いつも気を張っているとよい結果を生み出すことはできないということです。この言葉は鷹山から必死に頑張っている人々への言葉の贈り物だったのでしょう。

2学期頑張り続けた心や体を休め、楽しい冬休みにしてくださいね。

解説　上杉鷹山　　　　　　　（1751～1822／米沢藩の藩主）

だらだらと過ごしてしまう子もいれば、休むことなく習い事や勉強に熱中する子もいます。そこで休むことも必要だよと、ちょっと子どもたちを安心させる言葉をかけてあげるのもいいですね。

1年の目標

有終の美
― 1年のスタートの時期に ―

そのまま話せる！

「有終の美」という言葉があります。「1年のスタートに終わり？」と思った人もいるかもしれませんね。「初め有らざるなし，よく終わりあるはすくなし」中国の古い詩集「詩経」におさめられた一節です。これが「有終の美」の由来とされています。何かを始めることは簡単だけど，最後までやり通すのはすごく難しいという意味です。何かをやり抜くことの大切さをこの言葉は伝えています。終わりだけよければOKの「終わりよければすべてよし」とは意味が少し違います。

さぁ，1年のスタートです。「有終の美」を飾って今年を締めくくるためには，今日から目標をもって続けていかなくてはなりません。続けることは決して簡単なことではありません。大きな決意と覚悟が必要です。「毎日靴を揃えよう」「挨拶をしよう」「ピアノの練習を毎日しよう」「決められた時間に勉強しよう」「仲間に優しくしよう」何か自分の目標をもち，続けてみましょう。今年の終わりを美しく終えるために！

解説 中国『詩経』
　終わりよければすべてよしと同じ意味で使われることの多い言葉です。しかし，違いを明確にしてあえて1年のスタートの時期に伝えることで，目標をもってよいスタートを切るきっかけとします。それ以外においても，思い出して問い返せるといいですね。

新たな気持ち

思い立ったが吉日
―目標に向かって頑張ろうとしている子どもに―

そのまま話せる！

みなさんお正月はどのように過ごしましたか。お年玉をもらって喜んでいる人もいるでしょう。テレビで書き初めをしているシーンを見た人はいますか。さて，書初めがいつ始まったか知っていますか。起源は平安時代といわれています。1年の抱負や目標を定めたり，字の上達を祈願したりするものです。1月2日に書き，1月中旬に行われるどんど焼きで燃やします。1月2日は過ぎましたが，今日は書き初めをします。一人ひとり，どのような目標にするか考えましょう。「字を丁寧に」「友だちに優しく」「素直」……どれも素敵ですね。しかし，目標を考えて終わりではいけません。それを実行していきましょう。

みなさんは「思い立ったが吉日」ということわざを知っていますか。「何かをしようという気持ちになったら，その思った日を吉日として，すぐにそれを始めるのがよい」という意味です。書初めに今の思いをこめましょう。

「思い立ったが吉日」！　さぁ，今日から目標に向かってスタートです！

解説　ことわざ

1年のスタートのこの時期。書き初めに限らず，目標を立てることが目的になってはいけません。実行することが大切です。子どもたち一人ひとりの頑張る気持ちを後押ししましょう。

1年の初め

一年の計は元旦にあり
—年の始まりは気持ちよく—

そのまま話せる！

　1年がスタートしました。今年の目標を決めた人はどれぐらいいますか？

　日本のことわざに「一年の計は元旦にあり」という言葉があります。計というのは計画のこと，元旦は元日の朝のことです。意味は，「一年の計画は年の初めである元旦に立てるべきであり，物事を始めるにあたっては，最初にきちんとした計画を立てるのが大切だ」ということです。

　元日の朝，家族で顔を合わせて新年の挨拶を交わし，今年の目標を伝えた人もいるでしょう。しかし，それだけでは不十分です。目標を達成するための計画をしっかりと考えることが大切です。

　例えば，「本を100冊読む」という目標を立てたなら，「毎日図書館に行く」や「一週間に2～3冊読む」という具体的な計画を立てましょう。毎日計画的に過ごせば，きっと目標も達成できますよ。

解説　ことわざ

　冬休み明け，登校初日に子どもたちと気持ちを新たにして過ごすために「一年の計は元旦にあり」ということわざで話をします。言葉の意味を丁寧に伝えることで，目標を立て，抱負を語ることの大切さが実感できるのではないでしょうか。学級全体で目標を書いて交流し，切磋琢磨できる関係を築いていきたいものです。

多様な視点

門松は 冥土の旅の 一里塚 めでたくもあり めでたくもなし

——一休宗純

—新年を迎えて—

そのまま話せる！

「あけましておめでとうございます」と，お正月に新年の挨拶をしましたか？ 何がめでたいのでしょうか。めでたいのが当たり前，そんな風に考えている人もきっといるでしょうね。

一休さんという名前を聞いたことがある人も多いと思います。室町時代の臨済宗大徳寺派の禅僧であり漢詩人です。その人がこんな俳句を遺しています。

「門松は 冥土の旅の 一里塚 めでたくもあり めでたくもなし」

新年を迎えたというのは，一年死に近づいたということ。しかし，新しい年を迎えることができたということでもあります。このように，物事にはいろいろな見方があり，一休さんは，どちらも認めているからこそ，「めでたくもあり めでたくもなし」と言ったのでしょう。

様々な物事に多様な視点をもつことを，新しい年のスタートと同時にみなさんにも養っていってほしいと思います。

解説 —一休宗純　　　　　　　　　（1394〜1481／禅僧）

何も考えずめでたいめでたいと祝う者に少し皮肉った形で詠んだであろう句も，見方を変えれば当たり前を問い直す，物事を多面的に見ることができる一句となるのではないでしょうか。

新たな気持ち
難しい仕事の結果を左右するものは，最初の心構えである

ジェームズ

―はじめの心構えが重要である―

そのまま話せる！

「最初が肝心」，「一年の計は元旦にあり」など，物事の最初の大切さを伝える言葉は多いです。「難しい仕事の結果を左右するものは，最初の心構えである」ということを言った人がいます。

初めてのことに対して，「難しそう」と感じるか，「できそう」と感じるかで結果が大きく変わってきます。例えば，算数のテストの問題を解く時に，前者だと時間がかかってしまい，いい結果になるのは難しそうです。しかし，後者なら，サッと問題にとりかかることもでき，いい結果の出る可能性は上がりそうです。また，はじめのとりかかる方法を間違えると解決することが非常に難しくなることもあります。それだけ何かに立ち向かう際の最初の心構えは重要だということです。

何事に対しても，「きっと今までの力を出せばできるはず！」「このやり方ならゴールにたどり着けそう！」と前向きに考えていける1年のスタートにしましょう！

解説 ウィリアム・ジェームズ （1842～1910／米国の哲学者）
1年のスタートです。今年1年に希望を抱き，子どもたちみんながいいスタートが切れる話ができるといいですね。

やりきる

人事尽くして天命を待つ
―入試前の子どもたちに―

そのまま話せる！

　さぁ、いよいよ入試の時期です。試験に向けて、これまでたくさんの努力をしてきたのではないでしょうか。「どうしよう」「大丈夫かな」と不安の声も聞こえてきます。

　「人事尽くして天命を待つ」ということわざがあります。みなさんも聞いたことがあるかもしれません。これは、何でも神頼みということではありません。天命を待つ前に、まず自分のできることをしっかりと尽くすことが大切ということを伝えています。「どうしよう」「大丈夫かな」と悩んでいる暇なんてありませんよ。今すべきことを自分で見つけて、どんどん行動していきましょう。「漢字を1つ覚える」「歴史の重要人物が行ったことを理解する」など、今すぐにできることは多くあります。

　自分の中で全てやりきったのであれば、後はどっしりと構えていましょう。天命とは、あなたの努力の積み重ねそのものです。これまで自分が頑張ってきたことを支えにして、入試では堂々と自分の力を出し切りましょう。先生も応援しています。

解説 ことわざ

　入試前、どうしても不安でいっぱいになります。このことわざを用いて、できることをきちんと行った上で、堂々と試験に臨めるように声かけしたいものです。

本質を見る目

心で見なくちゃ，物事はよく見えないってことさ
肝心なことは，目に見えないんだよ

サン＝テグジュペリ

―物事の本質を見抜く力を育てるために―

そのまま話せる！

　新しい年が始まります。今年はどんなことを頑張りたいですか？　先生は冬休みに多くの本を読みました。その中でとても心に響く言葉があったので紹介します。

　サン＝テグジュペリ『星の王子さま』の「心で見なくちゃ，物事はよく見えないってことさ。肝心なことは目に見えないんだよ」という言葉です。星の王子様は，地球を訪れた時に，キツネと出会い仲よくなりました。そのキツネとの別れ際，王子様がキツネから言われたのがこの言葉です。王子様はバラの花を大切にしてきました。キツネは「そのバラの花を大切に思う心が，何よりも大事なことだ」と王子様に伝えたかったのだと思います。

　目に見えることだけが全てではありません。むしろ，目に見えないところにこそ物事の本質が隠れています。友達とのこと，家族のこと，勉強のことなど，どんなことにもつながりますね。先生は，この１年「目に見えない」ことを心で見ていける人になりたいなと思います。

解説　アントワーヌ・ド・サン＝テグジュペリ
（1900〜1944／フランスの作家）

　本からもたくさんの言葉に出会います。読書を通じて，自分を変える言葉に出会ってほしいなと思い，あえて本から言葉を引用した形で子どもたちに伝えます。１年の目標を考えるきっかけづくりにもつながります。

大人になるということは，あいまいさを受け入れる能力をもつということ
フロイト

―成人の日に伝えたい言葉―

そのまま話せる！

　1月の第2月曜日は，成人の日という祝日です。「大人になったことを自覚し，みずから生き抜こうとする青年を祝いはげます日」とされています。大人になるとはどういうことなのでしょうか。

「大人になるということは，あいまいさを受け入れる能力をもつということ」こんな言葉があります。大人の社会では，白黒はっきりしないことや自分では納得できないことを受け入れることも必要となる時があります。しかし，それを我慢できるようになれ，最初から「はっきりさせること」を諦めて，あいまいさを受け入れろということではありません。一生懸命明確な答えを求める続けること，また，その結果，世の中にははっきりさせられないことが存在することを知ることを意味している言葉ではないでしょうか。

　みんなもいつか成人を迎える日がやってきます。それまでは，たくさん考えて，たくさん質問して，あいまいなことをはっきりさせる努力を続けてください。その先に大人への一歩が待っています。

解説 ジークムント・フロイト
（1856～1939／オーストリアの精神科医）

　祝日である成人の日。子どもたちにとっては，あまり関係のないものに思いがちです。大人になるとはどういうことか，大人になるために何を学んでいくのか，考えるきっかけにしたいものです。

伝統

1月 故きを温ねて新しきを知る
孔子

—偉人の言葉を学ぶことから全ては始まる—

そのまま話せる！

　子ども大人に限らず，古いものは，よく軽く見られたり，粗末に扱われたりすることがあります。例えば，そろばんです。今や，携帯電話にも計算機がついていて，そろばんなんかいらないと言う人がいます。しかし，そろばんを習うことで，計算問題を早く正確にすることができるようになります。

　温故知新とも言われます。「故きを温ねて新しきを知る」という言葉は，孔子が弟子に言ったものです。故きを温ねるとは，昔のこと（先人の研究や知識）を繰り返し学ぶことで，新しきを知るとは，新しいものが生まれたり，見出したりすることです。

　だからこそ，まず何かを始める時は，そのことに関連した先人の書物や書籍を調べましょう。調べることで昔の人の知恵がわかり，偉大さも実感できるはずです。その上で，その先人の考えに自分のアイデアを付け加えたり，先人の考えをアレンジしたりするといいものが生み出されることがあります。勉強やスポーツについても全て同じことが言えます。

解説 孔子　　　　　　　　　　（前551〜前479／中国の思想家）
　現代，情報が溢れているからこそ，この言葉の意味を小学生にも伝えたいものです。また，地域のお年寄りなどにお話を聞く際にも話したいことですね。

主体的に

好む者は楽しむ者に如かず
―やらされるのではなく，楽しくやる―

そのまま話せる！

いよいよ3学期。次の学年に向けて大きく成長する時期です。そこでみなさんに次の言葉を紹介します。

「之（これ）を知る者は，之を好む者に如かず。

之を好む者は，之を楽しむ者に如かず。

（知っている人は，好んでやる人には及ばない。

好んでやる人は，楽しんでやる人には及ばない。）」

よくオリンピックなどで「楽しくできました」とインタビューに答える選手がいますが，どんな時でも「楽しくやっている人」ほど自分の力を発揮できます。

3学期は1年間の中で一番短い学期ですが，次の学年に向け大切な学習もありますし，大切な行事もあります。ぜひ「なんとなくやる」「言われたからやる」のではなく，自ら主体的に楽しくやりましょう。楽しくやっているみなさんに誰も及ぶことはできません。

解説 『論語』より

子どもたちは楽しいことが大好きです。ですから，学校生活の活動を楽しくできれば，学校自体が楽しくなります。ただ，子どもですから「楽しい」と「楽」を一緒にしがちです。真の楽しさを子どもたちに経験させることが，学校における教育なのかもしれません。

風邪予防

薬より養生
―風邪をひかないように！―

そのまま話せる！

　3学期が始まって，1週間が経ちました。そろそろ学校のリズムを取り戻せたでしょうか。少しずつインフルエンザが流行ってきています。

　「薬より養生」という言葉があります。病気になってから薬を飲むよりも，病気にかからないように日頃から養生を心掛けることのほうが大切という意味です。養生というのは，健康に注意し，病気にかからず丈夫でいられるようにするということです。

　風邪やインフルエンザなどのウイルスが体の中に入ってくることにより病気になります。特に弱っている体だとウイルスをやっつけることができず，病気にかかりやすくなります。

　日頃から養生を心がけましょう。外から帰ってきた時には必ず手洗い・うがいをする。夜遅くまで起きていない。休み時間には教室を喚起する……などいろいろなことができますね。

　3学期は残り40日くらいです。みんなで思い出をたくさんつくるために風邪に負けないようにしましょう。

解説　ことわざ

　1月はインフルエンザが流行する時期です。自分で防ぎようのないところもありますが，少しでも自分ができる予防をしておくことを伝えましょう。

健康管理

頭寒足熱
―風邪の予防―

そのまま話せる！

みなさんは風邪を引かないように，どのようなことに気をつけていますか。手洗い，うがい，マスクをつけるなど様々なことが考えられますね。「頭寒足熱」という言葉を知っていますか。「頭を冷やして，足を温めるとよい」という意味です。足を温めると体全体が温もってくる経験をしたことがある人もいるでしょう。でも実は，それがよいという医学的根拠はないそうです。

イギリスのトーマス・バー（1483～1635年）は長寿の秘訣を尋ねられ，"Keep your head cool by temperance and your feet warm by exercise."（腹を立てず常に冷静で，物事には行動力を持って取り組みなさい）と答えたそうです。この英語がオランダ語そして日本語へと翻訳されていくうちに表面的な意味だけが残ったという説もあります。

このように昔から伝えられてきたものの中には医学的根拠のない言い伝えもあれば，昔の人の経験から生まれた優れた知識や技術である「先人たちの知恵」というものもあります。風邪の予防をするためにどのようなものがあるでしょうか。お家の人に聞いたり，調べたりしてみましょう。

> **解説** ことわざ
> 先人たちの知恵を調べることで，風邪を予防するために今の自分にできることは何か，考えるきっかけになるといいですね。

実行力

有言実行
—自分を高めるための目標を！—

そのまま話せる！

　このクラスの仲間と過ごすのもあと３ヶ月になりました。残りの仲間との時間をみんなは，どんな風に過ごしていきたいですか。

　今日は，今年１年でスペシャルな自分になれるための目標を立ててみましょう！　先生が目標を立てる時に思い浮かぶ言葉があります。「有言実行」意味は，字を見ての通り「発言したことに責任をもって実行すること」です。

　目標を立てる時には，今の自分でもできそうなことよりも自分のしたことがないことや自分にとって少し難しいことなど，自分の限界にチャレンジしてみることが大切です。このクラスや学年の中で変われてこそ，スペシャルな自分です。発言をしたが実際には何も行動を起こさない「有言不実行」にならないようにしましょう。

　言葉にしてみることで，より強い意志と努力をし，目標に向かって頑張ることができるはずです。成長できることこそがスペシャルな自分になるための第一の条件であると思います。

解説　四字熟語
　いつも人任せな子どもやしんどいことからついつい逃げてしまう子どもがいます。新しい自分を見つけるためにも今までの自分ではできないしんどいことにこそチャレンジしてもらいたいですね。

善悪の判断

常に悪逆無道の図画を掲ぐ

島津義久

―善悪の判断―

そのまま話せる！

　戦国時代の大名，島津義久は，悪いことや失敗をして国を滅ぼしたり，家を失ったりした人物の絵を，いつも飾って眺めていました。普通の人ならば，聖人君子の絵を飾り，理想とするはずです。なぜでしょう。島津義久はこうも言っています。「善いことの5つは真似しやすい。しかし，悪いことの一つはなかなかやめられないものだ」と。

　友だちが人助けをしたり，率先して掃除をしていたりするのを見ると，私もやろうという気になればすぐにでもできます。でも授業中の手悪さなど，悪いとわかっていてもなかなかやめられません。よいことは簡単にできるのに，悪いことをやめるということはなかなか難しいものです。

　島津義久は，悪いことをした人物の絵をいつも見えるところに飾り，常に意識することで，「こういう人たちのまねをしてはいけない。常に自分は正しくあり続けなければならない」と強い意志をもとうとしていたのです。人は善悪の判断は簡単につきますが，その判断を実践に移すのはとても難しいのです。普段から心がけておきましょう。

解説 島津義久　　　　　　　（1533～1611／戦国時代の大名）
　1年も終わりに近づいてきたこの時期。悪い習慣になってしまっていることは，なかなか直すことができません。この話を通じて，今一度，自分の直したいところを意識させたいですね。

粘り強さ

NO RAIN！NO RAINBOW！
―すぐに諦めてしまう子どもに―

そのまま話せる！

　マラソン大会。本番に向けてみんながんばっていますね。でも，そもそもどうしてマラソンなんてしんどいことをするのでしょう。先生も小学生の頃は嫌いでした。だから担任の先生に聞いてみたことがありました。すると先生はこんなことを話してくれました。

　「"NO RAIN！NO RAINBOW！"っていうハワイのことわざがあります。雨がなければ虹は出ないという意味です。この言葉っていろいろな解釈ができると思いませんか。辛いことがなければ喜びは生まれない，頑張らなければ結果は出ないなど。これから先，辛いことや頑張らなければならないことってたくさんあります。でもその先には必ず喜びや達成感があるんですね。どうですか？　これってマラソンも同じことが言えませんか。道中は苦しいし，辛い。でもゴールしたり，順位が上がったりすると喜びや達成感を感じませんか。マラソンは人生を教えてくれる素敵なスポーツなんですよ」と。不思議に納得した当時の自分がいました。みなさんはいかがですか？

解説 ハワイのことわざ
　子どもの嫌いな行事の１つにマラソン大会が挙げられるでしょう。「どうせ」取り組むのならば，嫌々でなく，取り組む意味を理解して前向きに取り組んでもらいたいものです。

一所懸命

花はなぜ美しいか。ひとすじの気持ちで咲いているからだ

八木重吉

——一所懸命頑張る大切さ——

そのまま話せる！

暦の上では春が始まりました。春と言えば花ですね。なぜ花は美しいのでしょう。

詩人の八木重吉さんは次のような詩を書いています。

「花はなぜ美しいか　ひとすじの気持ちで咲いているからだ」

花は「みんなに美しいと言ってもらおう」「あの花よりは美しくなろう」なんて思っていません。ただ，一所懸命咲いているだけです。

実はみなさんも一緒なんですよ。みなさんが一所懸命にやっている時は，その姿は美しいです。感動します。そんな時のみなさんも「美しいと言ってもらおう」「これをしたら感動してくれるだろう」とは思っていないはずです。「ひとすじの気持ち」で何事にも挑戦してみましょう。

解説　八木重吉　　　　　　　　　　（1898〜1927／詩人）

子どもたちの姿に感動する時があるはずです。その時の心境は，この詩と共通するのではないでしょうか。人の心を捉えるのは理屈ではありません。一所懸命に取り組む姿に感じるものがあるのです。子どもに伝えるだけでなく，教師もそのような姿を見せたいですね。

心持ち

2月 楽しいから笑うのではない 笑うから楽しいのだ
ジェームズ

―「楽しむ」力を身につける―

そのまま話せる！

　もうすぐ5年生の1年間が終わろうとしています。残り1ヶ月ですね。1年間，楽しかったこともあれば，楽しくなかったこともあったでしょう。最近はどうですか？

　もちろん，世の中楽しいことばかりではありません。先生だって，「あぁ，ちょっと楽しくないなぁ」「今日は気分が乗らないなぁ」と思うこともあります。そんな時，いつもこの言葉を思い出します。人生の幸福を追究し続けた哲学者ウィリアム・ジェームズさんが言った「楽しいから笑うのではない。笑うから楽しいのだ」です。この言葉を思い出して口元を意識して笑顔にするだけで，沈んでいた気持ちもふっと明るくなります。

　毎日，自然と笑顔になれる出来事ばかりではないでしょう。でも，自分から意識的に笑うことで楽しさが舞い降りてくることがあります。ムスッとしている顔で見ている景色は全く面白くありませんよね。「あぁ，楽しくないなぁ」と感じた時は，自分で意識的に笑顔になってみましょう。さぁ！　口角をくいっと上げるところから始まりますよ。

解説 ウィリアム・ジェームズ　（1842〜1910／米国の哲学者）
　1年間が終わろうとすると，自然に気持ちがだらけてくることがあります。高学年なら「楽しくない」などの不満が出てくることも。そんな時に，自分で楽しむ力を身につけさせたいです。

目標

長い階段をのぼるとき，その階段の全てが見えてなくてもよいのです。大事なのは目の前にある一段をのぼることです キング牧師
―目標に向けてコツコツ行動できるように―

そのまま話せる！

　もうすぐ1年が経とうとしています。4月に自分が立てた目標を覚えていますか？　今日は，その目標に向けて，自分がどう過ごしているのかを振り返ってみましょう。

　どうでしたか？　目標を立てたことを忘れてしまっていたり，途中でうまくいかなかったからと言って，もう「何もしていない」になってしまったりする人はいませんか？

　「長い階段をのぼる時，その階段の全てが見えてなくてもよいのです。大事なのは目の前にある一段をのぼることです」という言葉があります。目標へたどり着けそうにないからと言って，結局「何もしない」ということがよくあります。もちろん途中で悩むことや途方に暮れることもあるかもしれません。

　先を見すぎて「何もしない」になってしまうのではなく，「今できること」に集中していくこと。その小さな積み重ねが大きな目標達成につながります。4月に立てた目標に向けて，「今できること」を行いましょう。

解説　マーティン・ルーサー・キング・ジュニア
(1929～1968／米国の牧師)
　目標を立てて終わりでは意味がありません。絶えず振り返る機会をもつことによって，目標に近づいていくことができます。「今できること」に集中できる子を育てたいです。

克己

2月 人は，己に克つを以って成り，己を愛するを以って敗る

西郷隆盛

―自分との戦いに勝つこと―

そのまま話せる！

　　マラソン大会，縄跳びなどの行事があり，記録を人と比べることも多い時期です。記録は，人と比べがちですが，記録とは普段の練習の成果が表れるものです。本番だけ頑張っても，なかなか記録は伸びません。その日までの練習をコツコツと頑張り続け，己に克った人のみが，自己記録を伸ばすことができます。己とは，自分自身のことです。

　逆に，己を愛するとは，己との戦いに負けてしまうことです。例えば，練習は，しんどく辛いものです。それに耐え切れなくなり，甘えやおごりが出てきます。これが己を愛することです。そうなると，自己記録は出ません。相手が，自分だけに非常に手ごわい敵になります。

　これからの人生の中でも，様々なところや場面で自分との戦いをすることはあるでしょう。昨日の自分が今日の自分に負けないようにという気持ちをもち続け，頑張り続けることが大切です。この言葉の通り，己との戦いに克つことこそが，物事を成し遂げる第一歩になります。

解説　西郷隆盛　　　　　　　　（1828〜1877／武士，政治家）

　人生は，常に自分との戦いです。「好きなことややりたいことを優先するのか」，「少し我慢するのか」その都度，立ち止まり，自問自答しながら，今何をするべきか考えながら，物事を取り組んでいきたいですね。

門前の小僧習わぬ経を読む
―もうすぐ卒業する6年生の姿を目に焼き付けてほしい―

そのまま話せる！

　5年生のみなさんにとって、お手本となる6年生の姿を見ることができるのもあと1ヶ月です。卒業式の練習などを通して最高学年になる最後の準備をしていきましょう。

　ことわざに「門前の小僧習わぬ経を読む」というのがあります。寺の門前に住んでいる子どもや、いつも僧のそばにいる子どもは、日頃から僧の読経を聞いているから、いつの間にか般若心経くらいは読めるようになるということから、人は自分の置かれている環境によって、無意識に影響を受けているという意味です。

　みなさんは、最高学年になる前の5年生という環境において、無意識に6年生の影響を受けてきているのです。6年生の素晴らしい姿、立派な行動を見て、この1年過ごしてきました。あと少ししかない、6年生の姿をしっかり目に焼きつけておきましょう。そして、6年生になった時には、みなさんの言動が無意識に次の5年生に影響を与えているということも忘れてはいけませんよ。門前の小僧は、いつの間にかお経が読めるようになるのです。

解説　仏教用語

置かれている立場・環境は無意識にだれかの影響を受けることが多いので、影響を与える立場のことも意識させるといいでしょう。

恋愛・失恋

恋して恋を失ったのは，まったく愛さないよりもましだ
テニスン

―恋をすることは素敵なこと―

そのまま話せる！

　2月14日はバレンタインデー。歴史はローマ帝国時代まで遡りますが，1960年ごろから日本独自の発展を遂げていきました。それはアプローチしたい相手にチョコレートを贈るというものですね。最近は友だちに贈る「友チョコ」も多くやりとりされています。

　学校でやりとりするのはだめなので，家に帰ってから渡す約束をしているでしょう。相手を思ってチョコレートを選んだり，手作りしたりすることはとても楽しいものです。

　こんな言葉を知っていますか？「恋して恋を失ったのは，まったく愛さないよりもましだ」イギリスの詩人，テニスンの言葉です。人のことを本気で愛することができる人は，素敵な心の持ち主ですね。愛すべき人だと先生は思います。だけど，恋をする，そしてその思いを伝えることは勇気のいることですね。渡す人ももらう人もその思いや勇気を大切にしてください。

解説 アルフレッド・テニスン（1809〜1892／イギリスの詩人）
　バレンタインデーを目前に控え，そわそわしている子も多いでしょう。子どもたちにとっては運動会や音楽会と同じくらい大イベントかもしれません。恋をすることは素敵なこと。人生の先輩として恋の甘酸っぱさを教えたいものです。

仲間づくり

松竹梅
―仲間のよさを見直そう―

そのまま話せる！

　松・竹・梅は，日本ではお祝いの席で使われたり，３つの等級やランキングを表すのによく用いられたりします。料理では，松が特上，竹が上，梅が並といったように使われることもあります（逆から等級を表すこともあります）。一方，中国では，冬でも緑を保ったり，花を咲かせたりするこの３つを「歳寒三友」と言います。

　三友とは，友にするにふさわしい人を表しています。松は，寒い中でも落葉せず，どんなところにも根をはる様から「忍耐強く，忠実な人」。竹は節を持ち，まっすぐに伸びるその様から「裏のない，忠実な人」。梅は，寒い冬に花を咲かすことから「どんな状況でも笑顔を絶やさない人」。それぞれ特徴は異なるけれど，どの友だちもそばにいてくれるときっと心強いですね。

　みなさんも，友だちをランキングで見ず，それぞれの特徴やよさに目を向けられるといいですね。また自分も，何かで仲間に三友と思われるものをもっていたいですね。

解説 諸説あり（中国の揚子雲が最初と言われている）
　友だちのことを自分にとって得する人かどうかといった目で捉えてしまう子がいます。友とは，順位がつけられるものではなく，それぞれのよさをもった人であることを学年の終わりに向けて考えさせたいですね。

学級づくり

よい笑いは，暖かい冬の陽ざしのようなものだ。だれでも親しめる

島崎藤村

―嫌な雰囲気の笑いが出始めた時に―

そのまま話せる！

　寒い日々が続いています。どうすれば暖かくなるでしょう。服をたくさん着る。暖房をつける。マラソンをする。おしくらまんじゅうをする……。いろいろな方法がありますね。

　小説家の島崎藤村さんは，「よい笑いは，暖かい冬の陽ざしのようなものだ。だれでも親しめる」と言っています。よい笑いってなんでしょうか。友だちと何かを頑張った後の笑い。わからないことがわかった時の笑い。友だちが楽しいことをしてくれた時の笑い。きっとこんな笑いなのでしょうね。この暖かさは，体の暖かさとは違います。心の暖かさです。だけど，笑いには，悪い笑いもあります。友だちをばかにした笑い。人の失敗に対する笑い。諦めやどうでもいい時の冷めた笑い。そういった笑いは「嗤い」と書きます。体だけでなく，心も冷たくする笑いです。

　外は寒い冬真っ只中。でも，この教室はみんなよい笑いでぽっかぽかにしたいですね。

解説 島崎藤村　　　　　　　　　　　　　　（1872～1943／詩人）

人をばかにしたような嫌な笑いに教室が包まれた時に，伝えたい言葉です。人の心を暖かくする「笑い」と冷たくする「嗤い」。今一度考える機会をもち，暖かい学級を目指したいものです。

6年生を送る会

感謝は，高潔な魂の証である
イソップ
―6年生を送る会で伝える感謝―

そのまま話せる！

あなたは，誰かに何かをしてもらった時，ちょっとしたことでも「ありがとう」という言葉をさっと言えていますか？「ありがとう」という言葉こそ感謝を示す象徴的な言葉ですね。

もうすぐ6年生を送る会があります。学校の最高学年として支えてきた6年生に，感謝の気持ちを伝える場です。

寓話で知られているイソップは，昔こんな言葉を残しました。「感謝は，高潔な魂の証である」と。"高潔"というのは，人柄が立派で，利欲のために心を動かさないということです。自分の私利私欲を優先させるのではなく，立派な姿で「6年生，今まで学校を支えてくれてありがとう！」「次は僕たち，私たちに任せてください」という気持ちをしっかり伝えていきましょう。

「ありがとう」を伝える瞬間は，自分のための時間ではなく，感謝を伝える相手（6年生）のための時間です。そして，クラスの仲間にも同じように感謝の気持ちを伝えて，次の学年を迎えていきましょう。

解説 イソップ　　　　　　（前619～前564頃／寓話作家）
大人の使う「ありがとう」にはもしかすると"体裁"や"保身"などの見返りを期待していることがあるかもしれません。純粋な思いを伝える「ありがとう」を伝えられる子どもたちであってほしいものです。

勇気・粘り強さ

2月 笑われて,笑われて,強くなる
太宰治

―恥をかいて,笑われるからこそ,成長できる―

そのまま話せる！

授業中に手を挙げて,発表することが苦手な人はいませんか。授業中発表しない人にその理由を聞くと,「間違いたくない」「間違えて,恥をかくことが嫌だから」と返事が返ってきます。

「笑われて,笑われて,強くなる」この言葉は,作家の太宰治さんが言った言葉です。「人間は,笑われて恥の数だけ,大きく強くなれる」とも言っています。

間違えることで,その時は,周りの友だちに笑われ,恥をかき,恥ずかしさとともに,悔しさ,情けなさなど,様々な感情が生まれてきます。そして,もうこの気持ちを味わいたくないと思うものです。しかし,そこで「なにくそ！」と頑張るその反骨心がその人を成長させるのです。もしかしたら,その後も同じように笑われて恥をかくことがあるかもしれません。だけど,そのたびに強くなり,成長しているのです。

みんなが成長し合える教室にしましょう。誰もがほんの少しの勇気を出せる教室にしましょう。

解説 太宰治　　　　　　　　　　　　　（1909〜1948／作家）
　笑われることを怖がっていては,絶対に成長はありません。この言葉は,子どもだけでなく,我々,大人にも通じる言葉です。何歳になっても,勇気をもって,挑戦していきましょう。

立ち居振る舞い

見た目の形から武士の正道にはいるべし
本多忠勝

―立ち居振る舞いは美しく―

そのまま話せる！

戦国時代の武将，本多忠勝の言葉です。志よりも，見た目の姿の美しさを大切にすべきだという意味です。

みなさんはこの言葉を聞いて，おかしいなと思いませんか。姿形が美しくても，心が美しくなければ，人としての本当の美しさではないと言われてきたはずです。本多忠勝は心の美しさをないがしろにしているのでしょうか。

どんなに心が強く，やさしく，美しくても，寝起きのままの顔によだれの跡がついていたら，それを見た人は，「なんてだらしない人だ」と思うでしょう。ここで，見た目からはわからない心のすばらしさを見抜くことができればよいのですが，とても難しいことです。

また，本当にすばらしい心の持ち主ならば，相手の立場を考えて，汚らしい恰好は相手に不快感を与えてしまうからやめようと思うはずです。真に心の美しい人は，見た目の美しさにも心が向くはずです。

自分自身のよさが，立ち居振る舞いにあらわれるようになれば，もっとすてきな生き方ができますね。

解説　**本多忠勝**　　　　　（1548〜1610／戦国時代の武将）
　２月。人の印象は，見た目の第一印象で決まると言われます。立ち居振る舞いを美しくすることは，印象をよくするだけでなく，努力する必要から，心を強くすることにつながります。

2月 伏すこと久しきは、飛ぶこと必ず高し
―我慢の力が足りないと感じた時―

我慢

そのまま話せる！

　この学級ももうすぐお別れが近づいてきました。そのしめくくりに向かっている中，集団の雰囲気を壊すような言動をしてしまったり，我慢が足りずにすぐ物事を放りなげてしまったりする人がいます。それは，みんなの幸せにつながっていますか？

　次のようなことわざがあります。

「伏すこと久しきは，飛ぶこと必ず高し」

　これは，長い間にわたって地に伏していたものは，その間に養っておいた力を発揮するという意味です。つまり，だれも見ていないところでもしっかり準備したり，我慢して何かを続けるたりすることで，その後の成長が大きくなるということを示しています。

　このしめくくりの時期に，自分のやりたいようにすること，自分勝手に振る舞うことはあなたの成長の伸びしろをつぶすことにつながります。さぁ，次の学年まであと少しです。飛ぶこと必ず高し！　次の新しい学年に向けて，しっかり高くとぶ力を蓄えておきましょう。

解説 洪応明（洪自誠）『菜根譚』より

　順調に進んでいる学級であっても，学年末に向けて，落ち着きがなくなることが多いのが2月です。自分本位の行動が見られた時にこのことわざを教えてあげましょう。

中だるみ

真の音楽家とは音楽を楽しむ人であり，真の政治家とは政治を楽しむ人である
アリストテレス

―中だるみを感じたら―

そのまま話せる！

　今興味をもってやっていることや夢中になっていることはありますか？　哲学者のアリストテレスは，こんな言葉を世に残しています。「真の音楽家とは，音楽を楽しむ人であり，真の政治家とは政治を楽しむ人である」先ほど，夢中になってやっていることを発表してくれた人は，楽しんでやっていますか。もしかしたらその道を究めようとすると，辛いこともあるかもしれませんね。楽しむためにはどうすればいいのでしょう。

　何事も，どんな気持ちでやるかということだけで内容や効果が変わってきます。例えば，漢字の学習。同じ漢字を一行にぎっしり書いても楽しくないですよね。それなら，楽しくなるように，進出漢字が入ったお笑い芸人の名前を探して書いてみる，思いつく限りのダジャレを書いてみるなんてどうでしょう。３分ぴったりで一行を書いてみる。少しは漢字を書くのが楽しくなりませんか？　楽しむことができる人は，柔軟に物事を考え，やり方を工夫できる人です。何事も楽しめる人でありたいですね。

解説　アリストテレス（紀元前384〜322／古代ギリシャの哲学者）
　淡々と日々が過ぎてしまう毎日を，もっと楽しく，充実した日々にすることができるはず。極める人はそれらを楽しんでいるというこの言葉は教師にとっても大切な言葉です。学校業務も楽しんでやりたいものです。

刻苦勉励

苦労は栄華の礎

本多正信

―刻苦勉励（こっくべんれい）せよ―

そのまま話せる！

戦国時代の武将，本多正信の言葉です。「自分が苦労することはお家の繁栄のもとだ」ということです。

本多正信は，徳川家康の参謀として重用され，友といわれていたといいます。徳川家のための忠実に仕え，二代将軍秀忠の時は老中として江戸幕府を支えました。

みなさん，これは得意だなということを1つ頭に思い浮かべてみてください。きっとそれは，少しずつでも続けて努力した結果としての得意なものだと思います。何もしないのに，得意なものをもっている人は誰もいませんから。

みなさんには，願いがあるはずです。「成績がよくなりたい」「もっとサッカーがうまくなりたい」「ピアノが上手になりたい」そうした想いが実現し，自分の得意がもっともっと高まり，広がれば，自分自身の光り輝くものとして誇れるものになりますよね。もっと苦労してみましょう。その苦労は必ず自分自身の栄光へとつながるはずです。これまでの苦労が今の自分をつくっているように未来にもそれは必ずつながっていきます。刻苦勉励せよ。

解説　本多正信　　　（1538〜1616／戦国時代の大名）

3月。1年間を振り返り，自身の経験の価値を自己評価するとともに，次の一年間への見通しをもちます。見通しをもつ時，自分の励んでいる姿が価値づけられたらすてきですね。

夢を見るから，人生は輝く
モーツァルト
—これから巣立っていく子どもたちに—

そのまま話せる！

　これから小学校を卒業して，新たなステージがスタートします。どんなことが待っているでしょうか。それぞれのステージで，みなさんが力を大いに発揮することを心から願っています。

　「夢を見るから，人生は輝く」作曲家で有名なモーツァルトはこう言っています。みなさんは，今どんな夢をもっていますか？　どんな目標をもっていますか。人間は，何かに向かって進んでいく時に大きな力を発揮することができます。それが自分を磨くことにつながります。自分を輝かせてくれます。今はまだ夢や目標が見つかっていない人もいることでしょう。何の問題もありません。だけど，いつ出会ってもいい準備をしておいてください。そして，見つけたらそこに向かって突き進んでいってください。きっとみなさんの人生の輝きを増してくれるはずです。

　先生は，みんなの人生がさんさんと輝くことを夢見て，これからも先生を続けていきます。先生の夢を叶えてくださいね。また会いましょう。

解説　ヴォルフガング・アマデウス・モーツァルト
　　　　　（1756〜1791／オーストリアの作曲家）
　卒業は人生の節目。漠然とこれからの毎日を過ごしていくのではなく，自分の目標をもつことや夢をもつことの素晴らしさを伝えます。自分の人生を豊かに，輝かせてほしいものです。

希望

3月 どんなに暗くても，星は輝いている
エマーソン
―これから巣立っていく子どもたちに―

そのまま話せる！

卒業おめでとう。みんなのことが羨ましくて仕方がありません。大きな夢や目標があり，それを叶えることができる，達成することができる可能性が無限にあるからです。一方で，辛い出来事や悲しい出来事が訪れることも覚悟しておかなければなりません。「どんなに暗くても，星は輝いている」アメリカを代表する作家エマーソンの言葉です。

自分の夢に向かって，うまく事が進んでいる時は，気持ちはもちろん前向きで，見える景色までもが明るく，美しいと感じることができるでしょう。一方で，辛い時，悲しい時はどうでしょうか？　そこは真っ暗な世界。何も見えないと感じるかもしれません。しかし，真っ暗であるが故に生まれる景色があります。夜空です。夜の空には月が煌々と，無数の星が煌びやかに輝きます。明るい世界では決して見ることのできない景色です。辛い時，悲しい時こそ顔を上げ，空を眺める余裕をもってください。美しい夜空を満喫した後にはきっと，東の空から希望の光があなたを照らしてくれるでしょうから。

解説 ラルフ・ワルド・エマーソン（1803～1882／米国の作家）
卒業後，期待だけでなく漠然とした不安を抱えている子どももいることでしょう。抱えた不安もいつか何とかなるんだというメッセージを贈り，子どもたちを送り出しましょう！

時間の使い方

時は金なり
―ラスト1ヶ月をどう過ごすか―

そのまま話せる！

　このクラスで過ごすのも残り30日になりました。これまでを振り返ってみると、いろんなことがありましたね。みんなは残りの1ヶ月をどう過ごしたいですか。

「時は金なり」ということわざを知っていますか。時間はお金と同じように貴重なものだから、決して無駄にしてはいけないという意味が込められています。

　仲間と一緒に笑って過ごすのも「時」

　仲間と喜びを分かち合うのも「時」

　仲間とケンカをして過ごすのも「時」

どれも同じ時間です。「こうすればよかった」「もう一度やり直したいな」と思っても、今日という日を巻き戻すことはできません。

　泣いて過ごす、怒って過ごす、ケンカして過ごす、笑って過ごす、楽しく過ごす。みんなは、この一瞬一瞬をどう過ごしていきますか。

解説　故事ことわざ

これまで一緒に過ごしてきた仲間たちとの時間を振り返り、今日というかけがえのない1日1日をどう過ごしていくのか考えていきたいものです。自分も仲間も大切にしながら素敵な学年末を迎えられるといいですね。

子どもとの関わり方（保護者）

啐啄同時（そったく）
― 過保護すぎる保護者に ―

そのまま話せる！

「啐啄同時」という言葉があります。鶏の雛は，まさに生まれようとする時殻の中から卵の殻をつつきます。これを「啐」と言います。すると親鳥が外からつついて殻を破ります。これを「啄」と言います。この「啐」と「啄」が同時に行われ，殻が破れて雛が産まれるのです。

この「啐」と「啄」が同時であることが大切です。早すぎても，遅すぎても，卵の中の雛の命を危険にさらすことになります。

これは人間の親子でも同じではないでしょうか。子どもが望んでいないのに，宿題をしているとすぐに声をかける，根ほり葉ほり学校であったことを聞き出そうとする。逆に，子どもの表情の変化に気づけず，親の助けを求めているのにできないでいる。こういったずれが生じがちです。

子どもたちの教育は，心身の成長に応じて，適宜なされなくてはいけません。子どもたちの願いややる気と保護者の愛と教えが一致した時に，大きな力となるはずです。

解説　禅語

親離れできない子ども，子離れできない親。反対に子どもに愛情を注ぐ時間をもてない親。この言葉から，最も効果的に，子どもに関わるとはどういうことなのか保護者の方が考える機会となればいいですね。

将来

僕の前に道はない
僕の後ろに道はできる

高村光太郎

―これから巣立っていく子どもたちに―

そのまま話せる！

　もうすぐ卒業ですね。小学校生活，様々な思い出があると思います。楽しかったことやうれしかったことだけでなく，悔しかったこと辛かったこともあるでしょう。どの経験もが今のあなたをつくっています。

　「僕の前に道はない。僕の後ろに道はできる」という言葉があります。みなさんはこの言葉からどんなことを考えますか。先生は，この言葉に「生き方」を感じます。

　きっとこれから将来，みなさんの前には，「こうすべき」「こうした方がよい」という道がたくさん現れてくるでしょう。「どの道を選べばいいのかな」と悩んでしまうこともあるかもしれません。「この道でよかったのだろうか」と考えることもあるかもしれません。でも結局はどの道を選んだとしてもよいのだと思います。

　誰かが勧める道に惑わされることなく，自分の歩んでいる道に自信をもってほしいなと思います。あなたが歩んでいるその一歩一歩こそが，あなたの道です。あなたにしか歩めない人生を歩んでください。

解説 高村光太郎　　　　　　　　　（1883～1956／作家）
　小学校生活での経験は，これからの人生に大きくつながります。「こうすべき」に惑わされることなく，自分の人生を歩むことの大切さを伝えたいです。

真心

3月 あれを見よ 深山の桜咲きにけり まごころつくせ 人知らずとも
―真心とは―

そのまま話せる！

桜の季節が近づいてきました。街のあちこちで桜が咲き，その桜が人々の話題になります。そのような時期に山を見ると，誰も気づかないようなところに桜が咲いていることがあります。

「あれを見よ　深山の桜　咲きにけり　まごころつくせ　人知らずとも」

桜は誰かに見られるから咲いているのではありませんね。人から評価されようがされまいが春になると命いっぱい花を咲かせます。人がよく集まる公園の桜は美しく咲いて，誰も行かないような山の桜は美しくないということはありません。だからこそ，桜は人の心をつかむのです。

みなさんも同じ。誰かにほめられるから，気に入られるために何かをするのではありませんね。どんな時でも人としての心，つまり「真心」をもって生きることが，結果的に人の心をつかむのです。

解説　詠み人しらずの和歌

臨済宗の禅僧，松原泰道さんが若い時に箱根に旅行した時に石碑で見て感動したことが著書に書かれています。効率や自己顕示が注目される今の世だからこそ，この歌のような気持ちを大切にしたいものです。

贈る言葉

不撓不屈
―困難に立ち向かう子どもたちに！―

そのまま話せる！

　いよいよみなさん卒業です。先生から送る最後のメッセージです。「不撓不屈」という言葉を知っていますか。「どんな困難にも負けず，挫折しないで立ち向かうこと。諦めないで困難を乗り越える」という意味です。

　先生がこの言葉を知ったのは，相撲の貴乃花親方が大関昇進の時に口上の言葉を述べた時でした。貴乃花親方はその後，度重なる怪我と戦いながらも，横綱になりました。まさに「不撓不屈」の精神です。

　人は弱い生き物です。何か壁にぶつかった時には，楽な方，楽な方へと流れてしまいがちです。しかし，どんな高い壁や障害があっても，諦めずに取り組むこと，自分を変えたい，成長したいと思い続け，行動することで乗り越えることがきっとできます。またそんな様子をみて，周りの人もきっと助けてくれます。

　これから先，くじけそうな時，負けそうな時にこの「不撓不屈」という言葉を思い出し，夢に向かって歩んでください。卒業おめでとう。

解説 中国『漢書』より
　これから先，子どもたちは人間関係や受験など様々な困難に出会うことでしょう。そんな時に，拠り所になる言葉になってほしい。そんな思いで伝えたい言葉です。

感謝・掃除

3月 立つ鳥跡を濁さず
―感謝の気持ちを込めて掃除をしよう！―

そのまま話せる！

　もうすぐ○年△組も解散です。そして，この教室ともお別れです。
　「立つ鳥跡を濁さず」ということわざがあります。立ち去る者は，見苦しくないようきれいに始末をしていくべきという戒め。また，引き際は美しくあるべきだという意味です。
　1年間，みなさんの成長を見ていた教室です。机，椅子，ロッカーもみなさんの成長のためには必要不可欠なものでした。授業の中で汚してしまったこともきっとあることでしょう。ゴミを落としてしまったこともあるでしょう。今日は，「1年間お世話になりました」そういう気持ちを込めて，今日の大掃除はこの教室がピカピカになるまで，普段なかなか掃除しない場所なども掃除をしましょう。
　4月にはここで，新たな仲間たちがみんなと同じように一年間を過ごします。その次の年にはまた違う子どもたち……そうして受け継がれた教室です。美しくバトンタッチしましょう！　では，今から大掃除を始めますか！

解説　ことわざ
　大掃除がある学校も多いことでしょう。（6年生であれば卒業式前日の最後の掃除の時に6年間の感謝を込めて）感謝の気持ちを込めて，掃除をしたいものです。そんな時に効果的な言葉です。

進路

人生は道路のようなものだ
一番の近道は，たいてい一番悪い道だ
ベーコン

―これから巣立っていく子どもたちに―

そのまま話せる！

　さぁ，今日で卒業です。小学校生活6年間は長かったですか？　それとも短かったですか？　最後に，先生が大事にしている言葉をみなさんに送ります。

　それは，「人生は道路のようなものだ。一番の近道は，たいてい一番悪い道だ」です。この言葉からどんなことを考えましたか。これまで生きてきた12年間，きっと全てきれいにうまくいったことばかりではないと思います。うまくいったこともあれば，うまくいかなかったことも多くあったでしょう。ただ，うまくいかなかったことや大変だったことが今のあなたをつくってくれています。

　人生とは道路のようなものです。これからもみなさんの前にたくさんの道が現れてきます。たいてい人は簡単な道を選びがちです。しかし，簡単な道は，楽だけれど自分をダメにしてしまう悪い道の可能性もあります。

　人生に近道なんてありません。目の前の道を一歩一歩丁寧に歩むことが，自分の幸せをつくります。ゆっくり，じっくりと自分の道を歩むことを楽しんでください。

解説　フランシス・ベーコン（1561～1626／イギリスの哲学者）
　これからの人生を道路に例えることで，イメージがしやすくなります。どうしても近道を考えてしまうのが人間です。そんな時にこの言葉を思い出すだけで行動も変わります。

贈る言葉

3月
世界には君以外には誰も歩むことのできない唯一の道がある。その道はどこに行き着くのか、と問うてはならない。ひたすら進め
ニーチェ

―卒業していく子どもたちへ―

そのまま話せる！

卒業おめでとう！ みんなの思い、願いがたくさん詰まった最高の卒業式になりましたね。
先生からみんなへ、贈る言葉があります。
「世界には、君以外には誰も歩むことのできない唯一の道がある。その道はどこに行き着くのか、と問うてはならない。ひたすら進め」です。将来の夢や自分の姿を思い描いていますか。確かなことが1つあります。それは今、みんなが思い描いている未来が現実になるかどうかは誰にもわからないということです。でも、目指すべき将来の夢や自分があれば、自分の信じた道を進むことです。そうすればきっとみんなの「願い」はカタチとなって表れることでしょう。進んで立ち止まりたくなった時には、いつでも小学校に帰ってきてください。先生は、必ずみんなのためにできることを一緒に探します。最後の宿題です。①自分の生き方は、自分で決めること。②自分らしさを大切にすること。

さぁ！ 新しい世界へ行ってらっしゃい。また逢いましょう。

解説 フリードリヒ・ニーチェ （1844〜1900／ドイツの哲学者）
卒業式、子どもたちに伝えたいことはたくさんあります。これからの人生の中で子どもたちに大切にしてほしいことをぎゅっと詰め込んで伝えましょう。

新しい出会い

袖振り合うも多生の縁
―新しい出会いに不安を感じているかもしれない時に―

そのまま話せる！

　3月は別れの時期であると同時に，その先には4月の新しい出会いがありますね。この新しい出会いを楽しみに感じている人もいれば，仲間づくりに不安を抱えている人もいるでしょう。

　「袖振り合うも多生の縁」ということわざがあります。知らない人とたまたま道で袖が触れ合うようなちょっとしたことも，前世からの深い因縁であるという意味です。つまり，人との縁は全て単なる偶然ではなく，深い縁によって起こるものだから，どんな出会いも大切にしなければならないという仏教的な教えに基づくものです。

　「このクラスから離れたくない」「また同じ仲間と過ごしたい」という気持ちがあるかもしれません。しかし，次の新しい仲間との出会いも，偶然なのではないのです。仲良くなるため，助け合うため，一緒に遊ぶため，お話するためなどの理由があって出会う，必然性があるものなのです。

　4月にやってくる"新しい出会い"を何も心配することはありません。そんな気持ちもきっと認め合ってくれる仲間と出会うことができますよ。Good Luck!

解説　ことわざ

　子どもたちにとって，新しい出会いは大きな壁です。別れのこの時期に，不安な気持ちを和らげることで，新しい一歩を踏み出す勇気につなげてあげましょう。

春分の日（新たな学年）

3月

自然は人間に1枚の舌と2枚の耳を与えた　だから人は話すことの2倍だけ聞かねばならない
ゼノン

―春分の日―

そのまま話せる！

　3月21日は春分の日，祝日です。どんな意味のある祝日か言える人はいますか？　春分の日は，「自然を称え，将来のために努力する日」と制定されています。

　私たち人間はその自然から生まれたとされる説があります。そして，その自然から生まれた人間について，このような言葉を遺した人がいます。

　「自然は人間に1枚の舌と2枚の耳を与えた。だから人は話すことの2倍だけ聞かねばならない」ギリシャの哲学者ゼノンの言葉です。

　もうすぐ新しい学年へとみなさんは歩みを進めます。知識や経験が増え，自分で考えて行動したり，周りの人と協力したりすることもできるようになってきました。できることが増えた時，より人の立場に立って考える人と，反対に人を動かすことばかり考える人がいます。そんな時，この言葉を思い出してください。話すことの2倍，周りの人の言うことを聞けば，よりすばらしい人になれるでしょう。

解説 ゼノン　　　　（紀元前335〜263／ギリシャの哲学者）
　新しい学年を目前にして，より成長するために，ゼノンの言葉から自分の言動を振り返るよい機会になりそうです。春，将来に向けて，どのように努力するか，考える1日にしましょう。

エール

それぞれが持ってる才能を生かしなさい 美しい声の鳥しか鳴かない森など，静まりかえって寂しいだけだ　　ダイク

―人は人！自分は自分！―

そのまま話せる！

人それぞれ持っている才能は違います。人それぞれ得意なこと，苦手なことは違います。人それぞれ好きなもの，嫌いなものは違います。他人が自分と全く同じ人間ではないから，楽しいことがあるし，辛いことがあるのです。

「それぞれが持ってる才能を生かしなさい。美しい声の鳥しか鳴かない森など，静まりかえって寂しいだけだ」

というヘンリー・ヴァン・ダイクさんの言葉があります。みなさんはこれから他人のことがより気になる，意識する年頃になります。他人が自分より優れていると思ってしまうこともあるでしょう。実際に自分より優れていることももちろんあるでしょう。でも，森からは様々な声が聞こえてくるように，人それぞれ持っている才能は違います。才能が全くない人はいません。相手のことに嫉妬して，自分のことが見えなくなってしまうのは残念なことです。是非，自分のもっている才能，可能性を信じてください。みなさん，卒業おめでとう。中学校でも頑張ってください。

解説　ヘンリー・ヴァン・ダイク（1852〜1933／米国の教育者）

卒業式，最後の教師からのメッセージとして子どもたちに伝えたいことです。これから先の人生，辛いこともあるでしょう。そんな時も自分の才能，可能性を信じて取り組んでほしいものです。

エール

3月 夢を求め続ける勇気さえあれば，すべての夢は必ず実現する
ディズニー

―旅立つ教え子にはなむけの言葉―

そのまま話せる！

　ウォルト・ディズニーは，「夢を求め続ける勇気さえあれば，全ての夢は必ず実現する」という信念のもと，「大人も子どもも楽しめる遊園地を」という夢を追い続けました。彼の考えに対して，周りの人は，初め，全く聞く耳をもちませんでした。しかし，彼は諦めず，周りを説得し，少しずつ現実のものにしていきました。そして，ついに夢の国「ディズニーランド」を創り上げたのです。

　周りから信じてもらえず，ひょっとしたら馬鹿にもされたかもしれません。そんな中，夢を追い続けることは勇気も必要だったでしょう。

　これから卒業するみなさんは，中学校に向けて，一人ひとりが様々な夢や希望をもち，期待に胸を膨らませていることでしょう。例えば，「学者になりたい」「お母さんのような人間になりたい」という夢。その夢に向かって，諦めず勇気をもって生きていってください。

　みんなの夢が実現することを心から願っています。

解説　ウォルト・ディズニー（1901〜1966／米国のアニメーター）

「夢なんかない」と言う人がいることでしょう。そういう人も夢でなくてもいいので，何かに対して憧れをもって歩んでいってほしいですね。それが，いずれ夢になるかもしれません。

贈る言葉（仲間）

最高の友は，私の中から最高の私を引き出してくれる友である

フォード

―仲間との別れの時期に―

そのまま話せる！

友だちってなんでしょう？　いつも一緒にいる人？　いつも助けてくれる人？　自分の言うことを聞いてくれる人？

アメリカの大きな自動車会社を作ったフォードという人は，「最高の友は，私の中から最高の私を引き出してくれる友である」と言いました。

「最高の私を引き出す」とは，すなわち自分のことを正しく評価してくれる人ではないでしょうか。頑張っていることをしっかり認めてくれる。悩み立ち止まっていたら勇気の出る声をかけてくれる。ひょっとしたら不甲斐ないことをしていると叱られることもあるかもしれません。

都合のいいことだけを言ってくれる，なんでもかんでも助けてくれるのが友だちではありません。あなたのことを理解してくれて，時には厳しいことすらもあなたのことを思って言ってくれる人。あなたを成長させてくれる人が最高の友だちではないでしょうか。これからの人生において，一人でもそんな友ができることを先生は心から願っています。

解説　ヘンリー・フォード　　　（1863～1947／米国の企業家）

卒業を控えた3月。これからそれぞれの道へと旅立っていきます。この時期に，仲間との関係性を見直す機会をもちたいものです。本当の友だちとは何か。互いのよさを引き出し合える関係とはどう振る舞うことか。今一度考えるきっかけになるといいですね。

【著者紹介】
授業力＆学級づくり研究会
「子ども，保護者，教師。みんな幸せ！」を合言葉に発足。教科・領域，主義主張にとらわれず，授業力向上とみんなが幸せになれる学級づくりについて研究を進めている。大阪を中心に，月１回程度の定例会，年４回程度の公開学習会を開催。主な著書に『３年目教師　勝負の学級づくり』『同　授業づくり』『３年目教師　勝負の国語授業づくり』『同　算数授業づくり』『同　音楽授業づくり』がある。

【執筆者一覧】
垣内　幸太（箕面市立萱野小学校）
桶井　大輔（桃山学院教育大学）
樋口万太郎（京都教育大学附属桃山小学校）
日野　英之（箕面市立西小学校）
樋口　綾香（大阪教育大学附属池田小学校）
土師　尚美（池田市立秦野小学校）
岡田　直毅（箕面市立萱野小学校）
井上　伸一（大阪市教育センター）
小林　秀訓（広島大学附属東雲小学校）
奈良　真行（大阪教育大学附属池田小学校）
若松　俊介（京都教育大学附属桃山小学校）

教師力ステップアップ
子どものこころにジーンとしみる
ことわざ・名言　２分間メッセージ

2018年７月初版第１刷刊	©編著者	垣　内　幸　太
2021年３月初版第４刷刊	著　者	授業力＆学級づくり研究会
	発行者	藤　原　光　政
	発行所	明治図書出版株式会社

http://www.meijitosho.co.jp
（企画）木村　悠　（校正）奥野仁美
〒114-0023　東京都北区滝野川7-46-1
振替00160-5-151318　電話03(5907)6702
ご注文窓口　電話03(5907)6668

＊検印省略　　　　　　　組版所　株式会社カシヨ

本書の無断コピーは，著作権・出版権にふれます。ご注意ください。

Printed in Japan　　　　ISBN978-4-18-159726-9
もれなくクーポンがもらえる！読者アンケートはこちらから →